ALAIN
SAINT-SAËNS

¡BASTA YA! PARAGUAYO SOY

POEMAS

Prólogo Por
ALBERTO SISA

UNIVERSITY PRESS
OF THE SOUTH

2022

Published in the United States by The University Press of the South/in Paraguay by Editorial Campo Grande. Printed in France by Monbeaulivre.fr

Alain Saint-Saëns.

¡Basta ya! Paraguayo soy.

Poemas.

First Edition in Spanish.

162 pages. Latin American Studies Series, 65.

Front Cover Photo: 'Alain Saint-Saëns with his Son Zinedine in 2008.' Reproduced with Permission.

1. Poetry. 2. Paraguay. 3. Spain. 4. France. 5. National Identity. 6. Rubén Bareiro Saguier. 7. Emilio Pérez Chaves. 8. Federico García Lorca. 9. Alberto Sisa. 10. Alain Saint-Saëns.

ISBN: 978-1-952799-44-0 (2022, European Edition)

A JACOBO RAUSKIN

DE TU POESÍA VALIOSA
YA SOY SUMO ADMIRADOR,
DE TU AMISTAD TAN PRECIOSA
SIEMPRE SEA MERECEDOR.

TABLA DE MATERIA

ALAIN SAINT-SAËNS CON ALBERTO SISA

ALAIN SAINT-SAËNS PRESENTANDO EL POEMARIO DEL POETA ALBERTO SISA, *EL ÁRBOL DE PEDRITO Y OTROS POEMAS*. (2018)

AMISTADES MÁS ALLÁ DE LA MUERTE

Este poemario es el homenaje de un poeta a sus amigos, los que todavía lo son y los que se perdieron en camino, los vivos y los muertos, todos seres muy queridos, y un agradecimiento a sus puntos de referencia, profesores o poetas insignes, quienes definieron su pensamiento, forjaron su ética y emularon su escritura.

Federico García Lorca, hermano poeta, es una de mis referencias poéticas más altas sin duda alguna en español. Supo morirse dignamente y, con mucha emoción, rendí un homenaje vibrante al momento tan noble de su muerte ante la barbaría en el poema, 'Mariposa de sangre'[1]. Es el mismo tipo de comportamiento heroico que supo escoger también el Mariscal Francisco Solano López en Cerro Corá el primero de marzo de 1870, estableciendo en mi mente un lazo simbólico entre la grandeza de España, mi país de origen hace unos siglos[2], y la del Paraguay, mi país de adopción después de un largo vagabundeo[3]. Ambos, Federico y Francisco, llevaron en el pecho, como si fuera medalla de honor, una mariposa de sangre,

---

[1] Ver Alain Saint-Saëns, *¡Basta ya! Soy paraguayo*: 'Mariposa de sangre', p. 67.

[2] Ver Alain Saint-Saëns, *Dans la poussière des siècles* (Presses Universitaires du Nouveau Monde: París, 2021), 'Jacob', pp. 5-91.

[3] Ver Alain Saint-Saëns, *France, terre lointaine. Poèmes de l'errance* (Presses Universitaires du Nouveau Monde: París, 2011), Prefacio por Rubén Bareiro Saguier, pp. 15-21.

que les exoneraría de sus errores o debilidades previas en vida. Federico juega un papel importante en un capítulo de mi novela, *Dos viudas y un huracán,* cuando Fabiola, la heroína, encuentra a los poetas paraguayos Rubén Bareiro Saguier y Emilio Pérez Chaves en el Restaurante El Molino[4]. Los dos, muy francófilos, juegan un papel también en mi obra de teatro, *Soledad*, adaptación de la novela del poeta y novelista paraguayo Juan Manuel Marcos[5]. Les dediqué a cada uno un poema, 'El Perseo de Villeta' para Rubén' y 'El Sembrador de estrellas' para Emilio[6]. El poeta Alberto Sisa, en su poemario, *Cenizales de fuego*, hace lo mismo y les homenajea con un poema para Emilio y otro para Rubén[7]. En el último Acto de mi obra de teatro, *Pecados de mi pueblo*, Emilio ya muerto está en el Círculo de los Poetas del Infierno con Manu, el joven poeta asesinado, en la vida el hermano de Lourdes Ríos, y le explica por qué y cómo es sembrador de estrellas[8].

A lo largo de los diez años pasados, estudié como Historiador de la Literatura la obra de varios poetas paraguayos. En mi libro, *El trébol de cuatro hojas. Poetas paraguayos*, me dediqué a las de Jacobo Rauskin, Renée Ferrer, Francisco Pérez

---

[4] Ver Alain Saint-Saëns, *Dos viudas y un huracán* (University Press of the South: New Orleans, 2016), Capítulo 3, pp. 17-24. Ver el texto entero en este libro, pp. 93-101.

[5] Ver Alain Saint-Saëns, *Soledad. Vida y muerte de una poeta* (University Press of the South New Orleans, 2016), Acto III, Escena 4, pp. 97-98. Ver también en este libro, pp. 113-117.

[6] Ver 'El Perseo de Villeta', p. 43, y 'El sembrador de estrellas', p. 47.

[7] Ver Alberto Sisa, *Cenizales de fuego* (Editorial Arandurâ: Asunción, 2014), p. 99: 'Palabras para el fénix del recuerdo' para Emilio Pérez Chaves in memoriam, y p. 100: 'Paso de poesía', para Rubén Bareiro Saguier in memoriam.

[8] Ver Alain Saint-Saëns, *Pecados de mi pueblo. Teatro* (Editorial El Lector: Asunción, 2013), Acto Tercero, Segunda Parte, pp. 71-77. Ver también en este libro, pp. 103-111.

Maricevich y Rubén Bareiro Saguier[9]. Traduje al francés y escribí el Prefacio del poemario de Renée Ferrer, *Ignominia*[10]. Presenté y escribí un Prefacio a *Infinita y con Alas* de la poeta paraguaya Estela Franco[11] y al poemario del poeta paraguayo Alberto Sisa, *El árbol de Pedrito y otros poemas*[12]. Todos estos poetas están saludados y alabados en el poema, 'Amistad otoñal'[13]. Recientemente, mostré más en detalle en un libro realzado por un brillante Prefacio de José Antonio Moreno Ruffinelli, Presidente de la Academia Paraguaya de la Lengua Española, todos los aspectos de la grandeza poética y humana de Francisco en *Francisco Pérez Maricevich. Memoria y conciencia del Paraguay*[14].

En casa de Francisco Pérez Maricevich y Leni Pane, pasamos, Lourdes Ríos y yo, una excelente cena de escritores con el poeta brasileño Aleilton Fonseca y su esposa, la socióloga Rosana Patricio. Traduje del portugués al español el poemario de Aleilton, *Un río en los ojos*, y escribí un largo Prefacio comparativo con poesías paraguayas, francesas, y españolas,

---

[9] Ver Alain Saint-Saëns, *El trébol de cuatro hojas. Poetas paraguayos* (University Press of the South: New Orleans, 2017).

[10] Ver Renée Ferrer, *Ignominie*. Traduit de l'espagnol par Alain Saint-Saëns (Presses Universitaires du Nouveau Monde: París, 2018), pp. 5-7.

[11] Ver Estela Franco, *Infinita y con alas* (Editorial ServiLibro: Asunción, 2014), Prefacio por Alain Saint-Saëns: 'Poemas para volar', pp. 7-10.

[12] Ver Alberto Sisa, *El árbol de Pedrito y otros poemas* (Arandurâ Editorial: Asunción, 2018), Prefacio por Alain Saint-Saëns: 'La azul eternidad de Alberto Sisa', pp. 11-21.

[13] Ver *¡Basta ya! Paraguayo soy*, 'Amistad otoñal', p. 81.

[14] Ver Alain Saint-Saëns, *Francisco Pérez Maricevich. Memoria y conciencia del Paraguay* (University Press of the South: New Orleans, 2021), Prefacio por José Antonio Moreno Ruffinelli: 'Francisco Pérez Maricevich: recuerdos, memoria, historia', pp. 11-23.

'Un río en los sueños'[15]. Me hizo el honor de recibirme como Miembro Correspondiente en la Academia de Letras de Bahía en Brasil en septiembre de 2014. De mi viaje allá, escribí en portugués el poemario mío, *A Bahia de todas as gaivotas*, cuyo Prefacio compuso Aleilton[16]. Sobre todo, Aleilton Fonseca, hombre de letras brasileño ilustrado, saludó la salida de mi novela, *Hijos de la Patria. Acosta Ñu, 16 de agosto de 1869* con una reseña vibrante, una carta fuerte e inspirada, y me defendió contra ataques brasileñas por parte de autores descendientes de militares brasileños involucrados en la matanza de Acosta Ñu en la Academia de Letras de Bahía, Brasil: 'Este fato histórico tem no romance de Alain Saint-Saëns mais um testemunho da memoria e do sentimento paraguaios, no sentido de que possamos refletir sobre a necessidade da fraternidade entre os povos sul-americanos, através da diplomacia, da cultura e da política'[17]. Cuando le dimos la bienvenida en nuestra casa de Remansito, nos pidió ir a ver el río Paraguay. De este acercamiento ritual y noble, salió el poema en su honor, 'El mago del río'[18]. Aleilton es el padrino de mi hijo Zinedín.

---

[15] Ver Aleilton Fonseca, *Un río en los ojos/Um rio nos olhos*. Edición bilingüe (University Press of the South: New Orleans, 2013). Traducción y Prefacio por Alain Saint-Saëns: 'Un río en los sueños', pp. 7-28.

[16] Ver Alain Saint-Saëns, *A Bahia de todas as gaivotas. Poemas* (University Press of the South: New Orleans, 2021), Prefacio por Aleilton Fonseca: 'Cantos de louvor à Bahia', pp. 5-11.

[17] Ver Alain Saint-Saëns, *Hijos de la Patria. La Batalla de Acosta Ñu, 16 de agosto de 1869* (University Press of the South: New Orleans, 2015).

[18] *¡Basta ya! Paraguayo soy*, 'El mago del río', p. 87.

Es tradicional agradecer a los compañeros escritores quienes presentaron un libro, escribieron una reseña positiva o un Prefacio o Postfacio erudito y favorable. En mi caso, son numerosos, y que todos acá se sientan profundamente agradecidos por mí. Se reconocerán en las fotos de los lanzamientos de libros sucesivos, etapas de mi paraguaización literaria, al final de este libro[19]. Es menos frecuente agradecer a los artistas, quienes contribuyeron con una obra a la preparación de la portada de un libro. Las pintoras paraguayas Gloria Marecos y Beatriz Holden decoraron *Pecados de mi pueblo* e *Infancias bajo los lapachos* con pinturas suyas[20]. Una obra del pintor brasileño Laerte Tavares, quien fue además estudiante de Doctorado mío en la Facultad de Educación de la Universidad del Norte, estuvo muy apropiada para la portada de *Curuguaty. Poema lírico*[21]. Fue un pintor norteamericano de origen español, también excelente poeta, Joaquín Montero, quien pintó la portada aterrorizante de *Hijos de la Patria*[22]. Joaquín hizo también varios dibujos para ilustrar el texto de mi obra de teatro, *Ña Celestina*[23]. El pintor paraguayo y Director de Artes, Marco Reynaldi, pintó dos portadas para mí, la de mi obra de teatro,

---

[19] *¡Basta ya! Paraguayo soy*, pp. 119-161.

[20] Ver Gloria Marecos, 'La Pasión de Manu', *¡Basta ya! Paraguayo soy*, p. 124. Ver también Beatriz Holden, 'Inocencia en riesgo', *¡Basta ya! Paraguayo soy*, p. 126.

[21] Ver Laerte Tavares, 'Curuguaty', *¡Basta ya! Paraguayo soy*, p. 122.

[22] Ver Joaquín Montero, 'Acosta Ñu', *¡Basta ya! Paraguayo soy*, p. 128. Sobre Joaquín Montero poeta, ver, *Soledades, ausencias y* añoranzas (University Press of the South: New Orleans, 2014), Prefacio por Alain Saint-Saëns, pp. 5-8.

[23] Ver Alain Saint-Saëns, *La Prisionera][Ña Celestina* (Editorial Arandurâ: Asunción, 2020), dibujos de Joaquín Montero, pp. 49, 74 y 98.

Romeo y Julieta en el Marzo Paraguayo[24] y la de mi estudio crítico, *El trébol de cuatro hojas*[25].

En cuanto al pintor Arius Romero, pintó especialmente la portada del libro colectivo, *Poesía de los países de Guay*, que dirigí con mi amigo poeta uruguayo Wilson Javier Cardozo, a partir de una lectura de mi poema, 'Luna naranja', dedicado a Rubén Bareiro Saguier[26]. Arius dibujó también magistralmente la portada escalofriante de mi obra de teatro, *La prisionera*[27]. Ambos artistas me honraron pidiéndome como crítico de arte hacer la presentación de exposiciones suyas o colectivas. Que todos estos pintores reconocidos, orgullo de su país respectivo, sean asociados al homenaje a Arius Romero en el poema, 'La noche estrellada'[28]. Verdadero amigo, Arius, quien respondió presente cuando pedí su ayuda urgente un sábado de fin de octubre de 2019, no dudó en venir sentarse en la mesa de presentación de *Poesías de los países de Guay*, aunque la fecha era el día aniversario de la muerte accidental de su hijo tan amado Darient[29]. Lamento no tener el poder de devolverle a Arius Romero, inmenso artista, tan humano y generoso, a su hijo

---

[24]Ver Marco Reynaldi, 'Julieta en el Marzo Paraguayo', *¡Basta ya! Paraguayo soy*, p. 132, y, 'Mujer leyendo', *¡Basta ya! Paraguayo soy*, p. 142.

[25] Ver Arius Romero, 'Luna naranja', *¡Basta ya! Paraguayo soy*, p. 146.

[26] Ver Alain Saint-Saens, 'Luna naranja', Alain Saint-Saëns y Wilson Javier Cardozo (Eds.), *Poesía de los países de Guay* (University Press of the South: New Orleans, 2018), p. 170.

[27] Ver Arius Romero, 'La prisionera', *¡Basta ya! Paraguayo soy*, p. 155.

[28] Ver 'La noche estrellada', *¡Basta ya! Paraguayo soy*, p. 53.

[29] Ver fotos del evento, *¡Basta ya! Paraguayo soy*, p. 147.

finado. Ojalá mi poema le permita gozar sin embargo de la presencia de Darient, mientras pinte cada día.

Numerosos fueron los embajadores con los cuales trabajé cuando ocupaba el puesto de Director de Relaciones Internacionales en la Universidad del Norte: los embajadores franceses sucesivos compatriotas míos, cómo no, y dentro de ellos, Jean-Christophe Potton, excelente novelista también, cuya esposa Catherine me animó a matricular a mi hijo mayor Zinedín en el Colegio Francés de Asunción. A ella rendí homenaje en un poema del poemario, *Un coin de France. Le Lycée Français International Marcel Pagnol*[30]. El Embajador de Ecuador, José Núñez Tamayo, gran poeta, me pidió escribir el Prefacio de su poemario lírico, *Mujer paraguaya*[31]. El Embajador de Japón Kazuo Watanabe, mucho me ayudó para concretar acuerdos académicos con universidades japonesas y vino a dar una presentación magnífica sobre los lazos entre el japonés y el guaraní que hablaba perfectamente, en el Club de los Embajadores que había creado yo en la Universidad del Norte. El Embajador de la República Dominicana, Marino Beriguete, novelista, poeta y cuentista de alto nivel, me invitó a liderar la delegación paraguaya a la Feria del Libro, donde Paraguay fue País Invitado de Honor. En Santo Domingo, hice

---

[30] Ver Alain Saint-Saëns, *Un coin de France. Le Lycée Français International Marcel Pagnol* (Presses Universitaires du Nouveau Monde: Paris, 2016), 'L'épreuve d'admission', p. 37.

[31] Ver José Enrique Nuñez Tamayo, *Mujer paraguaya. Poema lírico* (University Press of the South: New Orleans, 2017). Prefacio por Alain Saint-Saëns: 'José Enrique Núñez Tamayo: un poeta diplomático', pp. 5-15.

una presentación del poeta y su obra[32]. El Embajador de Suiza, Alain-Deniz Henchoz, y su esposa, Anne-Françoise, no eran solamente dignos representantes de su país, mostraron durante su estancia en Paraguay toda su generosidad y humanidad. Usando su propio dinero, crearon dentro de un convento de Asunción, un pabellón especial para niños paraguayos abandonados con SIDA. Me pidieron escribir poemas en francés y español que fueron parte de un libro de fotos sobre Asunción. Estos poemas fueron publicados también en *Infancias bajo los lapachos*[33]. ¡Ojalá políticos nuestros pudieran inspirarse más de tan grande amor a su próximo!

El Embajador de Uruguay Juan Enrique Fischer, no es solamente francófilo, domina perfectamente el idioma de Molière. Estudió en la prestigiosa Escuela de Ciencias Políticas de París, y me emocionó una vez en una cena en casa de Juan Manuel Marcos, cuando recitó la oración fúnebre de André Malraux honrando a Jean Moulín, Jefe de la Resistencia Francesa contra el invasor nazi, que fue capturado, torturado y asesinado, al momento de su entrada gloriosa en el Panteón de los Héroes francés[34]. Al partir de esta noche, nació una amistad fuerte y durable entre nosotros, cuyas etapas explico en mi

[32] Ver Alain Saint-Saëns, 'Memoria de agua: Marino Beriguete, hijo del Sur'. 17 páginas. Inédito.

[33] Ver Alain Saint-Saëns, *Infancias bajo los lapachos/Enfances sous les lapachos*. Edición bilingüe (Criterio Ediciones: Asunción, 2014), pp. 93-97.

[34] Ver André Malraux, 'Hommage à Jean Moulin lors du transfert des cendres du résistant au Panthéon', https://www.lefigaro.fr/politique/le-scan/2014/04/08/25001-20140408ARTFIG00071-le-discours-d-andre-malraux-au-pantheon.php.

poema, 'El Embajador de Uruguay'[35]. Ya Doctor Honoris Causa de la Universidad del Norte, Juan Enrique solía enseñar Relaciones Internacionales en una clase al lado de la mía, y valoré mucho nuestros intercambios en la pausa. Escribió un Prefacio magnífico a mi obra de teatro, *Romeo y Julieta en el Marzo Paraguayo*, basado en gran parte sobre su observación de mis relaciones con mis estudiantes[36]. Cuando compuse otra obra de teatro, *Artigas*, dedicada al Prócer de Uruguay, naturalmente se propuso para escribir un Prefacio en donde se percibe no solamente su amor por su Uruguay natal, sino también su profundo conocimiento del Paraguay[37]. De una conversación común sobre poetas uruguayos, surgió mi proyecto de libro sobre *Poesía de los países de Guay*[38]. Durante mis dos viajes a Uruguay, primero como parte de la delegación paraguaya para hacer el lanzamiento uruguayo de *Artigas* con la famosa Historiadora uruguaya Ana Ribeiro, y segundo para el de *Poesía de los países de Guay*, pude medir cómo Juan Enrique Fischer era bien conocido y apreciado por sus compatriotas[39]. Un poco de todo lo bueno, lo grande, lo chistoso y a veces lo débil de todos estos Embajadores se encuentra en el personaje ficticio del

[35] Ver 'El Embajador de Uruguay', *¡Basta ya! Paraguayo soy*, p. 65.
[36] Ver Juan Enrique Fischer, 'Prefacio', in Alain Saint-Saëns, *Romeo y Julieta en el Marzo Paraguayo* (University Press of the South: New Orleans, 2016), pp. 9-10.
[37] Ver Juan Enrique Fischer, 'Grande Artigas en la adversidad del destierro', in Alain Saint-Saëns, *Artigas. Teatro* (University Press of the South: New Orleans, 2017), pp. 5-8.
[38] Ver Wilson Javier Cardozo y Alain Saint-Saëns (Eds.), *Poesía de los países de Guay* (University Press of the South: New Orleans, 2018).
[39] Ver foto del evento con Ana Ribeiro en Montevideo, Uruguay, *¡Basta ya! Paraguayo soy*, p. 141.

Embajador de Francia en Tunéz, Romain de L'Eustache, en mi novela en francés, *Aisha*[40].

Ni hubiera escrito mi obra tanta literaria como histórica si no había aprendido el español en la Universidad de Estrasburgo con la Profesora Juana Labertit, quien venía de Madrid y me hizo descubrir y amar profundamente el idioma de Cervantes. Me envió, después de mi primer año, a la Universidad de Verano de Salamanca para perfeccionar mi conocimiento y permitirme pasar el examen de segundo año en septiembre con éxito delante el Jurado presidido por su marido, uno de los mejores especialistas del Siglo de Oro, el Profesor André Labertit, quien por casualidad llegaría a ser un colega en el campo académico años más tarde. Sin bien saber en ese momento quién era este poeta, presencié en la Universidad de Salamanca una conferencia de apertura del curso de verano para extranjeros a cargo del genial Dámaso Alonso sobre la Generación del 27, descubrí a Fray Luis de León en su cátedra – 'Como decíamos ayer' – y admiré la ranita sobre la calavera en la puerta principal de la Universidad[41]. A lo largo de mi vida, quedé en contacto con mi Profesora Juana, y aún recién a sus noventa años, estaba corrigiendo unos textos míos. Con sumo

---

[40] Ver Alain Saint-Saëns, *Aisha* (Presses Universitaires du Nouveau Monde: París, 2021).

[41] Ver María del Mar Rosell, 'La Generación del 27 en la Universidad de Salamanca', *El País*, 7 de julio de 1977: https://elpais.com/diario/1977/07/07/cultura/237074404_850215.html.

agradecimiento ofrezco a mi verdadera madre espiritual el poema, 'La madrileña'[42].

Después de superar la Agregación de Historia, concurso prestigioso muy difícil en Francia para empezar la carrera profesoral, gracias a la ayuda desinteresada de otro admirable Profesor, Jean-Pierre Goehrs, a quien dediqué mi libro de arte en inglés, *Art and Faith in Tridentine Spain (1545-1681)*[43], decidí escribir mi tesis doctoral sobre la Historia de España Moderna y por eso, contacté por teléfono al mejor especialista francés, Profesor en la Universidad de Toulouse, Bartolomé Bennassar. Después de un encuentro quince días más tarde en París, aceptó tomarme como unos de sus doctorantes y me patrocinó para ser elegido a continuación Miembro Científico de la Casa de Velázquez, Escuela de Altos Estudios Hispánicos en Madrid, donde pasé tres años inolvidables de estudios avanzados e investigaciones en archivos del país, que se completaron con la defensa de mi tesis doctoral Suma Cum Laude[44]. Ya hablé de Bartolomé Bennassar, del drama de su vida con el suicidio de su hijo poeta Pierre, en un poema de mi poemario, *France, terre lointaine. Poèmes de l'errance*, 'Années heureuses': 'Le seigneur de l'étude,/Maître Bartolomé,/Meurtri

---

[42] Ver 'La madrileña', *¡Basta ya! Paraguayo soy*, p. 69.

[43] Ver Alain Saint-Saëns, *Art and Faith in Tridentine Spain (1545-1681)* (Peter Lang: New York, 1995).

[44] La tesis, defendida el 17 de marzo de 1990 en la Universidad de Toulouse, una vez revisada, fue publicada en 1991. Ver Alain Saint-Saëns, *La nostalgie du désert. L'idéal érémitique en Castille au Siècle d'Or* (Mellen University Press: New York, 1991).

m'a animé./Fils perdu perte rude,/Douleur à surpasser,/Le temps au temps laisser'[45].

Dirigió también mi segunda tesis doctoral de Habilitación para llegar a ser Profesor Catedrático de Universidad[46], defendida también Suma Cum Laude, me presentó a editores, comentó varios de mis libros. Al Maestro Bartolomé tan amado y venerado, le gustaba ir a ver corridas de toros en la plaza de Las Ventas de Madrid. El poema, 'La muerte del toro', por eso, le está dedicado. Le gustó y me agradeció[47]. Bartolomé Bennassar era un Historiador magnífico, también novelista, quien no solamente me hizo desear escribir Historia, pero sobre todo me pidió escribir a mi manera la Historia que me gustaba, y no la suya. Su filosofía de la Educación mucho me serviría a lo largo de mis años de enseñanza en los Estados Unidos, Francia y Paraguay, como Profesor, Director de Tesis en universidades y el Instituto de Altos Estudios Estratégicos del Paraguay y Presidente del Jurado de Doctorado en Ciencias de Educación en la Universidad del Norte. Sin Bartolomé Bennassar, quien me acompañó a un Simposio de Historia de España en Nueva Orleáns y me presentó a un amigo suyo americano, el Profesor Richard Greenleaf, jamás hubiera podido obtener un puesto de

---

[45] Ver Alain Saint-Saëns, *France, terre lointaine. Poèmes de l'errance*, 'Années heureuses', p. 43.

[46] La tesis, defendida el 24 de enero de 1996 en la Universidad de Toulouse, fue publicada en 1998. Ver Alain Saint-Saëns, *Valets de Dieu, suppôts du Diable. Histoire des ermites d'Espagne à l'Époque Moderne (1500-1800)* (Presses Universitaires du Nouveau Monde: Paris, 1998).

[47] Ver *mail de Bartolomé Bennassar a Alain Saint-Saëns*, 30 de mayo de 2013: 'Merci pour le poème, 'La mise à mort', qui m'a rappelé les exploits de Yiyo'.

Visiting Assistant Professor en la Universidad de Tulane, donde mi esposa americana Ana trabajaría después en el Departamento de Francés, y dos de mis hijos americanos, Jefferson y Berenice, harían más tarde sus estudios de grado en Inglés y Historia respectivamente. Por eso, la Universidad de Tulane es muy presente en mi novela, *Dos viudas y un huracán*. Es en la Biblioteca Principal que Jacques Valentín traduce *El invierno de Gunter* de Juan Manuel Marcos y que Fabiola, la paraguaya, lo recuerda[48].

Pensaba no pasar más de un año en los Estados Unidos, me quedé veinte años, subiendo los escalafones de la carrera universitaria en universidades del Estado de Oklahoma y el Estado de Nueva York. Así como miembro de varias Asociaciones académicas, participé tanto en los USA como en Canadá a muchos congresos de Historia, Arte y Literatura, donde encontré a la reconocida especialista de Literatura del Siglo de Oro, la Profesora Amy Williamsen, quien llegó a ser mi amiga. Ya como editor en University Press of the South, publiqué al final de los años noventa un libro de artículos suyos en coedición con la Profesora de Brigham Young University, Valerie Hegstrom, *Engendering the Early Modern Stage*[49]. Cuando Amy murió ahogada en el Atlántico y comida por un

---

[48] Ver Alain Saint-Saëns, *Dos viudas y un huracán*, pp. 50-51: 'Sola en adelante, se ponía cómoda en un sofá muy usado y cerrando los ojos lo imaginaba sentado en la mesa de estudio haciendo progresos en su proyecto de traducción del *Invierno de Gunter*, esta novela paraguaya cuya lectura le había apasionado'.

[49] Ver Amy Williamsen y Valerie Hegström (Eds.), *Engendering the Early Modern Stage. Women Playwrights in the Spanish Empire (*University Press of the South: New Orleans, 1996).

tiburón, University Press of the South ofrecí publicar dos volúmenes de artículos escritos por los más famosos especialistas del mundo como homenaje[50]. Por casualidad, casi me morí ahogado de la misma manera en una playa de Alabama años antes, y Lourdes Ríos, embarazada de Zinedín, casi fue devorada por un tiburón en el Golfo de México, tal y como la historia está recreada en mi novela, *Dos viudas y un huracán*[51]. Entonces con cuanto más conocimiento personal del horror sufrido por Amy Williamsen escribí el poema '¡Maldito tiburón!'[52]. Hija del gran Profesor Vern Williamsen que me recibió con brazos abiertos en los EE.UU., Amy Williamsen era una persona sencilla, culta, quien amaba compartir su conocimiento del teatro del Siglo de Oro español con sus colegas y estudiantes en el Festival Chamizal de El Paso, Texas, que yo solía presenciar cada año. ¡Cómo pudiera olvidar que Amy me animó a escribir mi propio teatro en charlas nuestras con compañeros en El Paso! Le dediqué mi obra de teatro, *Ña Celestina*, una adaptación y recreación moderna en un contexto asunceño del *Libro de la puta vieja Celestina* por Fernando de Rojas en 1499[53].

[50] Ver Robert Bayliss y Judith G. Caballero (Eds.), *Peculiar Lives in Early Modern Spain. Essays Celebrating Amy Williamsen* I (University Press of the South: New Orleans, 2019), y Esther Fernández y J. Yuri Porras (Eds.), *Living the Comedia. Essays Celebrating Amy Williamsen* II (University Press of the South: New Orleans, 2019).
[51] Ver Alain Saint-Saëns, *Dos viudas y un huracán*, Capítulo Quatro, p. 31.
[52] Ver '¡Maldito tiburón!', *¡Basta ya! Paraguayo soy*, p. 61.
[53] Ver Alain Saint-Saëns, *Ña Celestina*, pp. 39-121, Prefacio por José Antonio Alonso Navarro: '*La Ña Celestina* de Alain Saint-Saëns: retrato de una Asunción marginada, marginal y marginadora'. Ver también Fernando de Rojas, *Libro de la puta vieja Celestina* (1499).

Leni Pane, antropóloga y miembro de la Academia Paraguaya de la Lengua Española, es la 'Hipatía del Paraguay', como la califico en el poema que le dediqué[54]. Mucho hizo por los derechos de los gays y personas LGBT cuando era Defensora del Pueblo en Asunción, y mi obra de teatro por salir, *Homocidio*, sobre el martirio de Bernardo Arenda, 'Hijo de la aurora'[55], bajo la Dictadura de Stroessner, por eso cuanto más le será dedicada[56]. Mucho hizo también Leni por los derechos de los Indios del Paraguay. Enseñamos juntos en la Facultad de Educación de la Universidad del Norte a estudiantes brasileños de Maestría y Doctorado durante ocho años. Varias veces, Leni me honró, sea escribiendo un Prefacio remarcable a un libro mío[57], sea sentándose en la mesa de presentación de otro[58]. Me invitó a hacer lo mismo para el lanzamiento de su maravilloso libro de cuentos, *El sueño de Cesarito. Cuentos de una ambición*[59]. Abrió las puertas de su casa a mi familia y se convirtió en la 'tía Leni' de Zinedín y Jeremy. Salvó la vida de Zine, enseñándonos medicina antibiótica natural de los Indios que le curaron. La foto de Zinedín dibujando en el suelo que

---

[54] Ver 'Hipatía del Paraguay', *¡Basta ya! Paraguayo soy*, p. 51.

[55] Ver 'Hijo de la aurora', *¡Basta ya! Paraguayo soy*, p. 79.

[56] Sobre el asesinato y martirio de Bernardo Arenda, ver el libro de investigación de Armando Almada Roche, *108 y un quemado* (Editorial Arandurâ: Asunción, 2012), cuya presentación hice en la Universidad del Norte el 13 de agosto de 2012.

[57] Ver Leni Pane, 'Poemas que duelen', *Infancias bajo los lapachos*, pp. 13-19.

[58] Desde *Pecados de mi pueblo* a *Juan Pablo II, peregrino de las almas*. Ver fotos de las presentaciones donde participó Leni Pane al final de este libro.

[59] Ver Leni Pane, *El sueño de Cesarito. Cuentos de una ambición* (Editorial El Lector: Asunción, 2018), Prefacio por Alain Saint-Saëns, pp. 9-12. La dedicatoria de Leni Pane lo dice todo: 'Para el querido Alain, quien me brinda su amistad, sus consejos y una magnífica presentación de este librito. Con mucho cariño y afecto familiar' (18 de septiembre de 2018).

ilustra el poema, 'Pintar, dice él', en *Infancias bajo los lapachos*, fue tomada en su salón[60].

Sobre todo, Leni creyó en mí y mi deseo de ser paraguayo, y me apoyó con eso. Fue ella quien me presentó al Presidente del Paraguay Federico Franco[61] y el Arzobispo Emérito de Asunción, mi amigo poeta, Monseñor Pastor Cuquejo, autor del poemario espiritual, *Ecos del corazón*[62], después del lanzamiento de mi poemario sobre *Juan Pablo II, peregrino de las almas*[63]. Este libro fue admirablemente prefaciado por otra querida amiga escritora, Maribel Baretto, cuya novela, *Codicia*, traduje al francés[64], y presentado por Leni Pane, una noche mágica de 2018 en los salones de Fausto Editorial de Nilda Díaz[65].

Desde 2010, mi vida académica y literaria ha sido inseparable de la presencia e la influencia positivas de mi amigo, el poeta, novelista y cuentista, crítico literario, mecenas de las artes y Rector de la Universidad del Norte, Juan Manuel Marcos. Lourdes Ríos, quien era en aquel entonces su Directora de Gabinete, me lo presentó en el coctel después de la conferencia del Dr. Finn E. Kydland, Premio Nobel de Economía, en el

---

[60] Ver Alain Saint-Saëns, *Infancias bajo los lapachos*, 'Pintar dice él', p. 51. Foto de Zinedín, p. 49.
[61] Ver foto con el Presidente Franco, Palacio de López, *¡Basta ya! Paraguayo soy*, p. 40.
[62] Ver Monseñor Pastor Cuquejo, *Ecos del corazón* (Asunción: 2016).
[63] Ver Alain Saint-Saëns, *Juan Pablo II, peregrino de las almas* (Editorial Salesiana: Asunción, 2018). Prefacio por Maribel Baretto.
[64] Ver Maribel Baretto, *Cupidité*. Traducción del español por Alain Saint-Saëns (Presses Universitaires du Nouveau Monde: París, 2018; segunda edición, París, 2021).
[65] Ver foto de la presentación de *Juan Pablo II, peregrino de las almas*, *¡Basta ya! Paraguayo soy*, p. 149.

Salón del Banco Central el 28 de mayo de 2010. Le confesé que había leído su novela, *El invierno de Gunter*, que me había gustado y que quería traducirla al francés. Un mes después, me recibía en su despacho del Rectorado y me daba la bienvenida en la UniNorte como Vice-Decano de la Facultad de Postgrado y Director de Relaciones Internacionales. Mi traducción de *Gunter* al francés fue publicada por Editorial L'Harmattan en Francia, y Juan Manuel, Rubén Bareiro Saguier y yo, nos fuimos a presentarla en Francia en 2011[66]. En mi Prefacio, mostré cómo nos seguimos en países y lugares tanto en España en Madrid como en los Estados Unidos en la Universidad de Oklahoma State[67]. De la realidad a la ficción, en mi novela, *Dos viudas y un huracán*, la novela *El invierno de Gunter* es traducida al francés por el finado Jacques Valentín, y en el último capítulo, Juan Manuel Marcos recibe en su despacho del Rectorado a la heroína paraguaya Fabiola González, 'viuda' de Jacques y muy conocedora de la obra de Marcos: 'Mi amigo Rubén Bareiro Saguier escribió una reseña muy elogiosa sobre la traducción de su esposo. Por mi parte, aprecié mucho su introducción. De verdad, ¿quién hubiera podido imaginarse que ambos, con unos

[66] Ver Juan Manuel Marcos, *L'hiver de Gunter*. Traducción del español por Alain Saint-Saëns (Éditions L'Harmattan, París, 2011). Ver foto de la portada, *¡Basta ya! Paraguayo soy*, p. 120, y foto de la presentación, p. 121.

[67] Ver Juan Manuel Marcos, *L'hiver de Gunter*, Prefacio por Alain Saint-Saëns: 'Un chemin long et tortueux: de la traduction française de *El invierno de Gunter* de Juan Manuel Marcos', pp. 7-23.

años de diferencia, hubiéramos enseñado en la misma universidad del Estado de Oklahoma en los Estados Unidos?'[68].

Como lo ha demostrado la crítica Estela Franco, mi teatro paraguayo es 'un teatro de cercanía'[69]. Eso explica el papel jugado por la Universidad del Norte en mi obra literaria. Epi, el descendiente brasileño del esclavo negro valioso, quien salvó a Jorge en Campo Grande durante la batalla de Acosta Ñu, en mi novela, *Hijos de la Patria*, cursa su Doctorado en Educación en la Universidad del Norte[70]. Cuando mencioné a Juan Manuel Marcos que estaba escribiendo mi obra de teatro, *Romeo y Julieta en el Marzo Paraguayo*, me contó que un joven electricista había sido abatido por los francotiradores en la Plaza de Armas. Le prometí que sería parte de los personajes y que así se le rendiría un homenaje merecido. Muere el primero, antes de Romeo Ríos y Julieta Sánchez, 'Tomás, el electricista que quería llegar a ser ingeniero en Informática'[71]. Beatriz, la heroína de mi obra de teatro, *Ña Celestina*, quien vive en una carpa en la esquina de la Avenida Mariscal López con la Avenida de Perú, sueña de estudiar en la Universidad del barrio para ser 'enfermera, médica o sicóloga'[72]. Hasta en mi obra de teatro en

---

[68] Ver Alain Saint-Saëns, *Dos viudas y un huracán*, Capítulo Quince, pp. 157-161.

[69] Ver Estela Franco, 'Asunción en tres obras de Alain Saint-Saëns: *Romeo y Julieta en el Marzo Paraguayo*; *Soledad. Vida y muerte de una poeta*; *Ña Celestina*', Ilinca Ilian y Lourdes Ríos González (Eds.), *Alain Saint-Saëns dramaturgo. El Renacimiento del teatro paraguayo* (University Press of the South: New Orleans, 2ª. Edición, 2021), pp. 131-145.

[70] Ver Alain Saint-Saëns, *Hijos de la Patria*, Capítulo XIX, pp.183-186.

[71] Ver Alain Saint-Saëns, *Romeo y Julieta en el Marzo Paraguayo*, pp. 161-163.

[72] Ver Alain Saint-Saëns, Ña Celestina, Acto II, Escena 1, p. 77.

inglés, *The Jump (El salto)*, la secretaria quien recibe a los cuatro perdidos de la torre gemela Norte en su despacho el 11 de septiembre de 2001 se llama Ofelia, nombre de la madre de Juan Manuel Marcos[73].

Más allá de la amistad compartida, las obligaciones profesionales diarias, y el hecho de que Lourdes Ríos tradujo al guaraní *El invierno de Gunter*[74], esta proximidad intelectual viene también de que estudié durante varios años la poesía de Juan Manuel Marcos para escribir mi ensayo largo, *Paladín de la libertad. Juan Manuel Marcos poeta*, publicado primero en una edición francesa[75] y después en español[76], trabajo de investigación que el propio Juan Manuel saludó en términos elogiosos: 'Te felicito, Alain, por este magnífico libro, una gran interpretación biográfica y poética, a la altura de *El viajero inmóvil* de Emi Rodríguez Monegal, y quizá el mejor en su género de toda la literatura paraguaya. Servirá para fijar un modelo y un referente imprescindible para las nuevas generaciones, por la minuciosidad de su investigación, por su impecable estilo académico, por la amplitud de su visión estética e histórica, y por su intenso impacto emocional, que solo puede compararse al de un misil Tomahawk. Un fraterno abrazo, con

[73] Ver Alain Saint-Saëns, *The Jump. September 11, 2001* (University Press of the South: París, 2021).

[74] Ver Lourdes Ríos González, *Gunter Araro'y* (Editorial de la Universidad del Norte: Asunción, 2014).

[75] Ver Alain Saint-Saëns, *Paladin de la liberté. Juan Manuel Marcos poète* (Presses Universitaires du Nouveau Monde: París, 2015).

[76] Ver Alain Saint-Saëns, *Paladín de la libertad. Juan Manuel Marcos poeta* (University Press of the South: New Orleans, 2017). Ver también Alain Saint-Saëns, 'Una lágrima en el sendero', en Juan Manuel Marcos, *Poemas. Premio René Dávalos 1970* (Criterio Ediciones: Asunción, 2018), pp. 55-67.

mi profunda gratitud'[77]. La Profesora rumana Ilinca Ilian, quien tradujo al rumano *El invierno de Gunter*[78], escribió un brillante Prefacio a *Paladín de la libertad*. En ello, destaca perfectamente el lazo entre Juan Manuel y yo: 'Es evidente, en definitiva, que el respeto crítico y la admiración sincera que Alain Saint-Saëns manifiesta hacia la obra del poeta Juan Manuel Marcos proceden también de comportamientos humanos y poéticos que los dos hombres comparten, es decir, la atención hacia su prójimo, la capacidad de compromiso cívico, y el rechazo de la injusticia y la iniquidad'[79].

Es la razón por la cual decidí hacer una adaptación teatral de la novela de Juan Manuel Marcos. Fue *Soledad. Vida y muerte de una poeta*[80]. El Prefacio de la Segunda Edición de 2021 fue escrito por el mismo Juan Manuel Marcos, quien magistralmente analizó la voz poética: 'Esta cruda pero a la vez lírica pieza teatral, muy emotiva e intensa, no busca por supuesto representar una adaptación del universo estilístico, ideológico ni argumental de la novela original. Es más bien una obra completamente nueva, inspirada por el idealismo juvenil del personaje de Soledad Sanabria Gunter, recreado por la imaginación y la pluma de un

---

[77] Ver *mail de Juan Manuel Marcos a Alain Saint-Saëns*, 1 de enero de 2015.
[78] Ver Ilinca Ilian, *Iarna Lui Gunter* (Editorial Diacritic: Timisoara, 2015).
[79] Ver Ilinca Ilian, '*Paladín de la libertad* de Alain Saint-Saëns: los latidos del corazón paraguayo', *Paladín de la libertad*, pp. 20-21.
[80] Ver Alain Saint-Saëns, *Soledad. Vida y muerte de una poeta* (University Press of the South: New Orleans, 2016).

poeta, como lo es Alain Saint-Saëns, apasionado por el Paraguay y su destino'[81].

Quizá mejor que todos los demás paraguayos, Juan Manuel Marcos, porque es el hijo de un español quien vino a establecerse en Paraguay y procuró ser aceptado[82], quizá porque estudió y enseñó en el Colegio San José con padres católicos viniendo de Francia, 'los Bayoneses', aunque de origen español como el gran poeta Padre César Alonso de las Heras[83], pudiera entender desde el principio mi deseo ardiente de llegar a ser admitido como paraguayo. De eso sobre todo le agradezco en el poema que le he dedicado, 'Y se levantó el poeta', y de las palabras tan acertadas de su Prefacio pronunciadas en el lanzamiento de mi largo poema lírico, *Curuguaty*: 'Como los franceses que lo antecedieron, Alain Saint-Saëns se ha convertido en paraguayo sin dejar de ser francés. Como ellos, ahora es un francés mejor, porque cuando hunde más su poesía en el dolor paraguayo, más se hace universal'[84].

Alain Saint-Saëns

[81] Ver Juan Manuel Marcos, 'Prefacio', Alain Saint-Saëns, *Soledad. Vida y muerte de una poeta* (University Press of the South: 2ª. Edición, París, 2021), p. 9. Para la relación entre mi poesía y mi teatro, ver Ilinca Ilian y Lourdes Ríos González, *Alain Saint-Saëns dramaturgo*, sobre todo el artículo de Lourdes Ríos González, 'Alain Saint-Saëns, poeta dramaturgo, dramaturgo poeta', pp. 53-61.

[82] Ver Alain Saint-Saëns, *Paladín de la libertad*, p. 245: 'Tampoco ignora Juan Manuel Marcos que faltó muy poco para que naciera chileno gracias a la ayuda de Pablo Neruda, en aquel entonces Cónsul en Francia para la emigración de los republicanos españoles hacia Chile'.

[83] Ver Alain Saint-Saëns, *Paladín de la libertad*, p. 35: 'Juan Manuel Marcos enseña al lado de su mentor en el Colegio San José de 1971 a 1977'.

[84] Ver Juan Manuel Marcos, 'Alain Saint-Saëns y los franceses del Paraguay', *Curuguaty*, Prólogo, p. 8.

"¡BASTA YA! PARAGUAYO SOY"
UN PUÑADO DE TIERRA ROJA EN EL CORAZÓN

El vasto corpus literario del escritor Alain Saint-Saëns (poesía, novela, ensayo, teatro, reseñas literarias), dan una muestra certera y acabada de su honda labor misional con la palabra, compromiso con la sociedad y el mundo, sentido de pertenencia a la tierra que lo cobija y lo siente suya, el Paraguay. Lo hace desde su más acendrado sentimiento, con la desbordante creatividad de su espíritu que lo guía y alienta con la intensidad de una fe, asumiendo la humanidad, pasión y dación a la palabra. Su *poiesis* se convierte en proclama y manifiesto de amor a la tierra que lo une afectivamente; su esposa paraguaya, sus dos hijos, sus cátedras universitarias, los libros que ha publicado, además de toda la dinámica y activa labor docente e intelectual que desarrolla en nuestro medio, le confiere esa distinción y reconocimiento de formar parte de esta heroica, generosa y sufrida nación guaraní.

Nacido en Burdeos, Francia, pero paraguayo por sentimiento y adopción, arraigado y afincado a esta tierra por lazos indisolubles de consanguinidad, identidad, costumbres y tradiciones, adopta nuestro *ethos*, desafiando todo prejuicio social, al chauvinismo sin sentido, a lo que despectivamente se designa a extranjerismo, para decirnos con hondo sentir raigal y de pertenencia: "¡Basta ya! Paraguayo soy", título que da pie a su obra y que constituye un homenaje de un poeta a sus amigos, como bien declara en el texto de introducción de su obra "Amistades más allá de la muerte". Él siente al igual que su amado poeta granadino Federico García Lorca, cuando este dice "¿Y si la muerte es la muerte. Qué será de los poetas y de las cosas dormidas que ya nadie las recuerda"?

Ya en el primer poema del libro declara con firmeza y clamor: "Esposa y familia mías, Jorge, Luisito y Matías/De Julieta Romeo Ríos/Todos de la Patria hijos/nuevos lazos compusieron/Paraguayo si me pusieron". El poeta asume patria, ciudadanía, humanidad y conciencia crítica, en nombre de esos Mártires de Acosta Ñú y el Marzo Paraguayo. Dos acontecimientos trágicos y sangrientos, dos historias que lo conmueven hondamente y que constituyen para él una declaración de principios y de causa, ser paraguayo por lazos filiales y por su rica historia jalonada de homéricas hazañas. Escribió dos libros sobre estos temas: una novela, *Hijos de la Patria*, sobre Acosta Ñu, y una obra de teatro, *Romeo y Julieta en el Marzo Paraguayo*, sobre la tragedia de marzo de 1999. Como bien reflexiona el recordado escritor italiano Italo Calvino, acerca de la cuestión ético-poética, "esa tensión entre individuo, historia y naturaleza que se emplea como hilo conductor para seleccionar y ordenar nuestro árbol genealógico literario, siguen siéndonos válidos, incluso en medio del escenario de este silencioso cataclismo".

El culto a la amistad siempre está omnipresente en sus poemas. Representa para él una vía para transitar ese puente que enlaza sentimientos, distancias, añoranzas y recuerdos; que atesora lo más genuino del espíritu que transciende la condición humana, y que lleva a los más puros y bellos estados del alma. Alain Saint -Saëns celebra la amistad que se transluce en sentidos poemas dedicados a dos entrañables amigos, los excelsos bardos paraguayos, Rubén Bareiro Saguier y Emilio Pérez Chávez, a quienes los evoca y canta en dos logrados poemas: "El Perseo de Villeta" y "Sembrador de Estrellas". Dos poetas admirados que transcienden con la palabra esencial en el tiempo, para convertirse en personajes de leyenda por su vida y obra. Saint-Saëns conoció a ambos escritores y los recuerda afectivamente con estos versos de estatura legendaria: "¡Mira, Rubén/quién galopa ya!/relincha preciado, ufano que lo silben, Pegaso alado/¡tu fiel Mbyja!".

En "Sembrador de Estrellas", señala el paso por la vida del rapsoda Emilio Pérez Chávez, distinguido, alto y corpulento, culto y bonachón, quien deleitaba y deslumbraba, haciendo gala de conocimiento y erudición en cenáculos artísticos y literarios. "El poeta su pluma ha tenido/del tribunal la hora ha venido/Hugo, Píndaro, Hérib Cervera, Saint-John Perse, Villón, Navarra/gritan, admirativos todos: ¡Izad las velas Emilio, y a sembrar las estrellas!".

Por otro lado, se advierte en sus poemas logradas imágenes y metáforas, de sutiles trazos que dan un vuelo neorromántico de honda inspiración, como el dedicado al artista plástico Arius Romero, quien retrata en un cuadro a su pequeño hijo fallecido Darient, y que el poeta recrea magistralmente en estos versos, con un sentido e inspirado vuelo lírico "rubendariano". "En la soledad oscura de su taller/ de un feliz y cariñoso ayer/el maestro tristeza y añoranza muele/por pigmentos y colores tuerto/Tanto resquemor le duele/que azula un cielo muerto/. O en aquella estrofa galana, con una melodía digna del tañido de Orfeo: "Poeta de la ciudad del amanecer/hacer en tus versos vigor pertenecer/escuchar la canción del árbol sin frutos/para que el viento sople usufructos".

Otra arista configuradora en su poemario, es lo ecológico, abordado desde la resistencia activa de la palabra, con motivo de la alarmante y despiadada deforestación que sufren la región oriental y occidental del país: "Hubo un tiempo seguramente/corría el agua transparente/pájaros en árboles cantaban/niños en los bosques jugaban/Paraguay hoy es desfigurado/Mañana será desertizado". El drama social que genera la cíclica crecida del río y que afecta a los bañados de Asunción, lo siente, sufre y expresa de manera crítica, doliente y satírica a la vez. ¡Si, señor Presidente, mucho barro! ¡Perdoná patas guarras del perro,/Del niño enfermo, nariz y dedos sucios/Humedad, agua fría y vientos recios!/ Vez próxima, ¡Vení sin corbata, más relajado!/En el bañado bajo crecida, ¡Todo está mojado! El humor y la mordaz ironía no están ausentes en sus textos, tal como se refleja en este breve poema: "Gotas de agua/¿Dónde está mi paraguas?/Humor frío/ya se acerca el río/Y tú, ¿de qué te ríes, mojada hasta los pies".

La dimensión épica de la conciencia social y política en su poesía lo conjuga y exterioriza como un deber y derecho ético del ser y hacer. Su crítica constructiva la ejerce como hombre libre, con un compromiso de responsabilidad hacia el país, la sociedad a la que se debe y de la cual forma parte. Al respecto, el poeta, ensayista y crítico literario, perteneciente al 27 español, Guillermo de Torre, en su ensayo "De lo Estético a lo Ético", manifiesta que "quienes pasan por alto la ética inherente a los medios estéticos y morales se definen como simples propagandistas y se descalifican también no sólo artística, sino moralmente. Quienes respetando, afirman su absoluta ligazón con los fines, afirman parejamente su dignidad moral y se hallan en situación de lograr las obras más valederas".

Los hijos para el poeta, padre de familia, son celebración de vida, manifestación del espíritu festivo, de fe, sueños y esperanzas que se proyectan en el horizonte azul de su cosmovisión creadora. Es motivo de alegría, cuando uno de sus pequeños, amante de los dinosaurios, descubre en la calle un huevo emergido de entre el barro, que fue arrastrado hasta el frente de su casa, debido a la crecida del río. El huevo, símbolo de nacimiento, de ternura, inocencia, es poetizado aquí con la más tierna ensoñación y dulzura. Asimismo el padre entra en un estado de melancolía por ese tiempo de felicidad y juegos que culminan, para retornar a sus labores: "Dulce felicidad, tres semanas con vos/Hoy es Dino mío, triste tiempo del adiós/¡Evitá yacaré malo, anaconda pérfida!/Del mar no te acerques/tiburón feroz/¡Subí el río hacia verdes campos de arroz!/ Ojalá volviera con la próxima crecida".

El ser es para él indivisible, pues como cita el filósofo norteamericano Ralph Waldo Emerson en su obra "El hombre y el mundo": "El alma sólo conoce el alma. El tejido de los acontecimientos es el velo flotante con que se cubre". Para Saint-Saëns, el poeta debe ser íntegro, dotado no solamente de palabras, sino de dignidad moral en su actuar. La "indivisibilidad del ser" debe distinguirse siempre en sus acciones ante la vida. El hombre-poeta forma un ente único e espiritual. Y esa entidad ética del "yo poético" lo trasluce en un sentido poema dedicado a Federico García Lorca, a quien refiere con todo el sentir de su estro en

"Mariposa de Sangre": "Moriste de noche, niño desafiante/al alba te levantaste, triunfante/ de guitarra gitana toque airoso/ en tu honor un flamenco virtuoso". En el poema "El Ángel Caído", hace alusión al laureado poeta chileno Pablo Neruda, quien tuvo una hija llamada Malva Marina, nacida con una deformidad física, a la que el vate trasandino ocultó. Si bien rescata la calidad de su poesía, crítica su falta de ética y humanidad. "Del Premio Nóbel fuiste muy digno/De hija más bien padre indigno/Por ti hombre, ni consideración".

El tiempo, la finitud de la existencia humana, no angustia al poeta, pues encuentra en el flujo de los instantes un sentido de transcendencia con lo absoluto, un sentimiento de plenitud dimensional. La poesía constituye para él una afirmación y acto de fe que rejuvenece y purifica el espíritu, como este fragmento de tinte místico. "Y sin Dios también toca la musa/quizá critique sólo mis rimas/Se olvide de faltas aspérrimas/Santo ser, no con cornamusa/Pero ángel de ti, con trompeta/aún si seré poeta." La esencialidad de su sentido y vasto poemario se traduce en los afectos, a esos seres que hacen al hondo significado de la amistad, y que el autor hace un verdadero culto. Son sus versos a manera de reconocimiento y gratitud, para nunca olvidarlos. El sentimiento amical desinteresado lo demuestra con palabras que salen del fondo de su alma, de todas aquellas personas que forman parte de su mundo vivencial, que los homenajea, revaloriza y da veraz testimonio a través de su fecunda labor creativa. A los amigos, él los celebra con todo el candor de su pluma, en el poema "Amistad otoñal", transmitiendo con la vibración del aedo, su encontrado sitio en el mundo.

El poeta debe asumir la poesía como verdad, como expresión consecuente para ser auténtico, decía el recordado poeta José Luis Appleyard. En su profesión de fe, Saint-Saëns asume su condición de escritor, con amor, esfuerzo y renunciamiento, con esa autenticidad que lleva consigo todo verdadero creador. Como bien expresa en "Aún seré poeta": "Jubilado aburrido/en un sillón embutido/callejero sin trabajo/perro con espumarajo/De tu venida profeta/Aún seré poeta".

Geografía, coraje y amistad, ejerce un potente eje vertebrador en su visión poética, que lo va enhebrando a lo largo de su obra con un profundo sentido de arraigo que lo palpita y exterioriza desde las primeras líneas. Su mundo constelado de naranjales ardientes, palmares nativos, la agreste campiña, familia, hijos, amigos, representan para él una realidad tangible, sensible y a la vez emotiva. "Pinta tu aldea y serás universal", es una de las célebres frases del egregio escritor ruso León Tolstoi. Alain Saint-Saëns, siendo francés, siente un devocional amor y arraigo al Paraguay. Él pinta sus costumbres, valores y riquezas culturales, su heroísmo, dación y generosidad, retratando en sus poesías, novelas, teatro y ensayos, a esta bella y sufrida tierra guaraní, con la pasión ferviente de su inquieta pluma. En el libro de ensayo “Situación de la Poesía” de los filósofos franceses, Jacques y Raissa Maritain, manifiesta que hay un conocimiento poético del mundo, pero no es para conocer el mundo, sino para revelarse obscuramente a sí mismo y fecundar en sus fuentes espirituales al sujeto creador. Alain Saint-Saëns se reconoce y se revela a sí mismo en el valor sagrado de la palabra, y lo ejerce con una devoción conciliar, llevando consigo adonde vaya, al igual que el gran poeta Hérib Campos Cervera, ¡un puñado de tierra roja en el corazón!

Alberto Manuel Sisa

Poeta y Crítico Literario

POEMAS

ROMEO Y JULIETA
EN EL MARZO PARAGUAYO
ALAIN SAINT-SAËNS

YO NO NACÍ PARAGUAYO

Yo no nací hijo paraguayo,
En Francia, sí, ¡Suene el guayo!
Burdeos lánguida fue mi cuna,
Leche rica chupé de Garona,
Vi correr de noche macareo,
Mi corazón para siempre reo.

Japón mi jefe de cultura,
Paraguay bajo dictadura,
De agregado se iría,
Años después me reiría,
Amante de actriz famosa
En el país de la babosa.

Esposa y familia mías,
Jorge, Luisito y Matías,
De Julieta Romeo Ríos,
Todos de la Patria hijos,
Nuevos lazos compusieron,
Paraguayo sí me pusieron.

ALAIN SAINT-SAËNS CON EL PRESIDENTE FEDERICO FRANCO (2013)

LA CORBATA DEL PRESIDENTE

¡**O**ye, hoy es día importante!
¡Del Paraguay el Presidente
Otorga a sus ciudadanos una visita!
Para el evento roja será su corbata,
Los colorados, pues, le han elegido,
Color partidario sí será escogido.

Quizá azul negro sea el traje,
Con rayitas, pero sin ultraje,
La camisa, blanca inmaculada,
Por modista hecha a medida,
Los zapatos, de cuero fino,
Platenses, lujo argentino.

¡Sí, Señor Presidente, mucho barro!
¡Perdoná patas guarras del perro,
Del niño enfermo nariz y dedos sucios,
Humedad, agua fría y vientos recios!
Vez próxima, ¡vení sin corbata, más relajado!
En el Bañado bajo crecida, ¡todo está mojado!

ALAIN SAINT-SAËNS Y RUBÉN BAREIRO SAGUIER EN VILLARICA (2011)

EL PERSEO DE VILLETA

In Memoriam,
Rubén Bareiro Saguier
(1930-2014)

¡Mira, Rubén,
Quién galopa ya!
Relincha preciado,
Ufano que lo silben,
Pegaso alado,
¡Tu fiel Mbyja!

¡Sube, Rubén,
Perseo del viento!
Abraza a tu padre
Maestro del orden,
En mejillas de tu madre
¡Seca el triste llanto!

¡Alza, Rubén,
En la grupa
A tu Carmencita!
Con tal jovencita
Amor no es culpa,
Por fin ¡Vive Rubén!

EL CRÍTICO

Es periodista, y ellos saben,
Mejor aún, de cultura, caben,
Le han pedido una reseña,
Será fácil, ya se la diseña,
Vaya poeta, nadie lo lee,
Viento, verborrea, y se pee.

Burro leyó a un filósofo,
Con las mujeres hace el fofo,
No entiende mucho, aburrido,
Hablará del pensador garrido,
A ver, solapas y la cubierta,
Un árbol y su vida abierta.

Triunfando el tonto concluye,
A la recepción pronto se huye,
¿De verdad, suplemento cultural?
¿Quieres ver biblioteca mural?
Así van los críticos de salón,
Quienes apestan en el pantalón.

**EMILIO PÉREZ CHAVES CON LOURDES RÍOS
Y MITO SEQUERA
EN CASA DE ALAIN SAINT-SAËNS
(2010)**

EL SEMBRADOR DE ESTRELLAS

In Memoriam,
Emilio Pérez Chaves
(1950-2012)

¡**H**a muerto! Asombro en el velatorio.
¡Tanto me hacían menester
Su pelambrera blanca, su mirada penetrante!
De su inmenso y amistoso vejestorio
¡Ya no ver la sombra se extender
Sobre el mundo y la gente!

Una mañana, las horas ya sonadas,
Ha bajado a zancadas
Lejos de los hombres, con escalofrío:
¡Se le esperaba a Emilio!
- ¿Eres tú, Caronte, el barquero del Hades?
- Poeta, de Cerbero ¡Qué te cuides!

Ya llegan a los Infiernos.
- Emilio ¡Favor entrar! Soy Minos.
- Dios mío ¿por qué debería aceptar?
- Acá se albergan a todos los poetas,
Bardos rústicos y bíblicos profetas,
Así es, ¡No se puede evitar!

- ¡Bienvenido! Le dice John Lennón,
- ¡Adelante, amigo! Añade Lord Byrón.
Rimbaud, André Chenier le rodean,
Sapho, Gabriela Mistral,
Ovidio y Neruda le gallardean,
Así como Lorca y Nerval.

Todos se alejan, que viene Homero.
- Tu propósito no es efímero,
Deberás escribir bellos versos,

Que no sean brutos ni perversos,
Y si les encontramos mérito,
Luces en el celestial de inmediato.

El poeta su pluma ha tenido,
Del tribunal la hora ha venido.
Hugo, Pindaro, Hérib Cervera,
Saint-John Perse, Villón, Navarra,
Gritan, admirativos todos: - ¡Iza las velas,
Emilio, y a sembrar las estrellas!

NENA, MINA

Luna llena, lucida Marina,
Arena, duna, mala harina,
Alucina, liviana menina,
Hacina la dañina vaina,
Linda niña, mana cinia digna,
Nena, mina, divina maligna.

LAGOS OSCUROS

Ahogado en las tinieblas profundas
De tus oscuros lagos,
Ni encuentro escapadas
Por el sendero resbaloso:
De tus abruptos archipiélagos,
Tu acantilado mira formidoloso.

ALAIN SAINT-SAËNS, LENI PANE Y FRANCISCO PÉREZ MARICEVICH, LANZAMIENTO DE *EL BANQUETE DE TONATIUH* (2016)

HIPATÍA DEL PARAGUAY

A Leni Pane

Mujer tan fiera como valiente,
De tu noble sangre alemana
Guardaste cierta visión humana,
De antropóloga estudiosa,
Por tu empatía minuciosa
Pueblos te confiaron su miente.

Defensora de nuestra Asunción,
Calle y congreso tu palestra,
De la Biblioteca Maestra,
De lengua Academia tu lona,
Amas de casa anfitriona,
Tu tiempo dedicaste con unción.

¡Cuántas horas de banca pasamos,
Escuchando a los doctorantes!
De Brasil a los representantes
Generosidad intelectual,
Tu cultura poco habitual,
Llenaron de la mente páramos.

ÚLTIMA FOTO DE ARIUS ROMERO
CON SU HIJO FINADO DARIENT (2012)

LA NOCHE ESTRELLADA

In Memoriam,
Darient Romero
(2004-2012)

Alejando demonios y zozobras,
Murciélagos, búhos y chupacabras,
El pintor marca campana melódica,
Las tres, hora del Diablo fatídica.
Arroyo de dolor en la tarima,
Por su mejilla cae una lágrima.

En la soledad oscura de su taller,
De un feliz y cariñoso ayer
El maestro tristeza y añoranza muele,
Por pigmentos y colores tuerto.
Tanto resquemor le duele
Que azula un cielo muerto.

Sobre el borde del cuadro apoyado,
Rostro blanco y negro, un angelito
Finado demasiado tempranito
A su padre admira callado,
Luna naranja y estrellas miríada
Dispone en noche ahora irradiada.

EL ÁRBOL SIN FRUTOS

Ostenta cabeza fina y hermosa,
Follaje rebelde con flor apenas vistosa,
Largas ramas hacia el cielo estiradas,
Y un porte orgulloso con fieras miradas.

Le dejaron tormentas recientes
Cicatrices visibles y dolores crecientes,
Pues, ya maduro en el mundo aislado,
La vida enfrenta sin nadie a su lado.

Sin embargo, un árbol transplantado,
Espécimen forastero recién adaptado,
Siembra su fértil savia en su sombra,
Y con frutos repentinos lo asombra.

Poeta de la ciudad del amanecer,
Hacer en tus versos vigor pertenecer,
Escuchar la canción del árbol sin frutos,
Para que el viento sople usufructos.

ZINEDINE PESCANDO DURANTE LA CRECIDA

EL HUEVO

Nuestra calle crecida maldita sumergió,
Del barro enfrente una mañana surgió
Huevo largo flotando como basura,
Parándose al pie del portón con ternura.
'¿Qué es eso?', dice Zinedín pescando.
'Un avestruz ya se está acercando.'

En la chanchería, de paja el altar,
¡Milagro! Un dinosaurio de noche nace.
¡Papá, mi mascota y yo seremos enlace!
Hijo mío, guardarlo ¡Ni apostar!
Perros bravos lo comerán,
En el Zoológico lo encerrarán.

'Dulce felicidad tres semanas con vos,
Hoy es, dino mío, triste tiempo del adiós.
¡Evitá yacaré malo, anaconda pérfida!
Del mar no te acerqués ¡Tiburón feroz!
¡Subí el río hacia verdes campos de arroz!'
Ojalá volviera con la próxima crecida.

LOURDES Y ZINEDINE CON JEAN Y HENRIETTE, CIVRAC, FRANCIA (2012)

CON LA NOCHE DE SUDARIO

In Memoriam,
Jean y Henriette Champagne

Desgastados y sobados,
Arrugados y desmedrados,
Unidos alma y mente,
Sonriendo igualmente,
Con ingenua fascinación
Admiraban constelación.

Excitados soñaban:
De decidir acababan
Juntos adelantarse,
A la muerte enfrentarse,
De su último viaje
Preparar el pasaje.

Tal un Filemón sin temor,
Baucis, su eterno amor,
Roble tilo juntamente,
Dormirse eternamente
Como el duplo leyendario,
Con la noche de sudario.

AMY WILLIAMSEN

¡MALDITO TIBURÓN!

In Memoriam,
Amy Williamsen
(1959-2019)

Con valentía en el agua entró,
En nadar media hora se concentró,
Tanto le gustaba este momento,
Cerrar los ojos, movimiento lento,
Paz absoluta, total relajación,
Ya del mundo final desafijación.

Al soñar me fui demasiado lejos,
La costa, ni en mirada de ojos,
La corriente, sí, demasiado fuerte,
Regresar a ver si puedo con suerte,
No entrar en pánico, un descanso,
Con todos mis esfuerzos ya me canso.

Sin duda alguna, me voy a morir,
Al menos mi cuerpo no va a podrir,
Valerí, amistad de Comediantes,
Chamizal, teatro, mis estudiantes,
Del tiburón cerca la mordedura,
¡Dios, del Paraíso, la cerradura!

ACADEMIA PARAGUAYA DE LA LENGUA ESPAÑOLA, ASUNCIÓN, PARAGUAY

BUENO, NO ES PARAGUAYO

Ya se acercaba la elección,
A tantos miembros coqueteados,
Promesas, votos asegurados,
Obras traducidas, publicadas,
Poesías y más dedicadas,
Sí, debía ganar la selección.

Fulana, amiga, sin discusión,
Queda un puesto, ¿a quién el turno?
Realmente me gusta fulano,
Sí, tiene mérito, mucho poder,
¿Qué del otro? ¿Él? Para de joder,
Bueno, no es paraguayo, risión.

Sé paciente, convencer más debes,
Electos, contra sus favoritos,
Siempre se mueren unos tontitos,
Al Presidente abarrotaste,
Pero, ¡si tú por mí ni votaste!
Quería, pues, los demás, sabes.

EMBAJADOR JUAN ENRIQUE FISCHER Y ALAIN SAINT-SAËNS

EL EMBAJADOR DE URUGUAY

A Juan Enrique Fischer

De Tacuarembó hijo dilecto,
Embajador sabio de Uruguay,
Su carrera cerró en Paraguay.
UniNorte Doctor honorario,
De estudios guía literario,
De los alumnos el predilecto.

De cultura francesa prendado,
En Ciencias-Po París estudiante,
De André Malraux al resistente
Jean Moulín el elogio recitó,
Mis lágrimas así precipitó,
Con tan entusiasmo exudado.

De su prócer Artigas la vida,
Obra de teatro yo escribí,
En su honor así lo describí,
Poesía de países de Guay,
Unidos Uruguay y Paraguay,
Amistad inmensa compartida.

**ÚLTIMA FOTO CONOCIDA
DE FEDERICO GARCÍA LORCA
(1936)**

MARIPOSA DE SANGRE

In Memoriam,
Federico García Lorca
(1898-1936)

Luna granadina, bajo el olivo,
Nuevo Tres de Goya con aire altivo,
De tu verdugo, hijo de aloeta,
Aún te ríes, mi hermano poeta,
Al oír ruido seco, duro asecho,
Mariposa de sangre sobre tu pecho.

Del pueblo alejado triste mugido,
Muecín en el alminar recogido,
Sublime canto al rey de la arena,
Despide tu lidia, valiente faena,
De lágrimas y gritos el aliciente,
A hombros, Federico, del sol naciente.

Aplastada tu lira en el arroyo,
Del escupitajo humilde alboyo,
Moriste de noche, niño desafiante,
Al alba te levantaste, triunfante,
De guitarra gitana toque airoso,
En tu honor un flamenco virtuoso.

**JUANA LABERTIT CON SU MARIDO ANDRÉ,
EL DÍA DE SUS 92 AÑOS
(2020)**

LA MADRILEÑA

A Juana Labertit

En Historia joven estudiante,
Idioma buscando de socorro,
botas de cuero y alto gorro,
De Madrid venía la lectora,
¡Cómo me sedujo su altura!
Entrada aún hoy radiante.

Salamanca, Uni de verano,
¡Vete allí a seguir el curso!
Dámaso Alonso, el discurso,
Fray Luis, como decíamos ayer,
Teresa, su poesía, taller,
Mi futuro, julio de bochorno.

Época Moderna escogida,
Casa de Velázquez residencia,
Defensa de tesis presencia,
Sin ella, ni poeta escritor,
Ni España sacra historiador,
Juana, maestra de por vida.

MALVA NERUDA

EL ÁNGEL CAÍDO

Tú, Neruda, poeta con logros,
De cónsul incansable protector,
Caballo Verde fuiste director,
De Federico noble hermano,
Víctor Jara, cortada la mano,
El golpe, tu muerte, días negros.

Oye, Pablo, en Ceilán, ¿qué pasó?
¿Por qué violaste a empleada?
¿Del poeta puta copleada?
¿Y tu hija con hidrocefalia?
Sí, la Malva tan fea, tan tuya,
¡Qué espectáculo vergonzoso!

Por ti, poeta, gran admiración,
De las libertades el luchador,
Te repudio de frío violador,
Del Premio Nobel fuiste muy digno,
De hija más bien padre indigno,
Por ti, hombre, ni consideración.

JUAN MANUEL MARCOS Y ALAIN SAINT-SAËNS (2015)

Y SE LEVANTÓ EL POETA

A Juan Manuel Marcos

Digno padre José Marcos,
De los Pirineos picos
Cruzando huyó un día
De Franco la dictadura;
Francia Libre aventura,
Así mereció la gloria.

Sin sentido del honor,
¿Qué tiempo venidero?
Libertad heredero,
Del Paraguay el tenor,
Callarte rechazaste,
Juan, tu voz levantaste.

Añoranza, exilio,
Sergio, amado filio,
El cambio preparaste.
Democracia senador,
Universidad rector,
Sociedad lideraste.

Juan, Emilio amigo,
De Dávalos émulo,
Hérib fiel discípulo,
Poeta de Soledad,
Gunter Postboom contigo,
Ganaste eternidad.

BARTOLOMÉ BENNASSAR, HISTORIADOR DEL MUNDO HISPÁNICO

LA MUERTE DEL TORO

In Memorian,
Bartolomé Bennassar
(1929-2018)

En Colmenar Viejo,
Plaza de gritos y lágrimas,
Dos gallardos aguzan sus firmas,
El Yiyo, torero,
Y un toro, Burlero,
Con bravura en el ojo.

De luces su traje,
Se acerca el torero,
El famoso José Cubero:
¡El Yiyo! ¡El Yiyo!
A Curro Romero sustituyó,
En el polvo hora del coraje.

Repentinamente del chiquero
Aparece sexto designado,
Monstruo muy indignado.
Damas pasmadas desfallecen,
Caballeros sus puros carecen,
Cuando muge el Burlero.

Muleta con derecha,
Arte de medir el terreno,
Del Yiyo el pase sereno,
La audiencia ya mareada,
Estocada, si asegurada,
Dos orejas, buena racha.

¿Será el mal de ojo
De este toro tan irritante?
¿El recuerdo lacerante
Del féretro de Paquirri a hombros?
Obra maestra cae bajo escombros,
Cuando tropieza con enojo.

Tan fuerte late su corazón
Que no siente la punta del cuerno,
Último espasmo taurino,
Atravesarlo cortado.
'Este toro me ha matado',
Suspira magnánimo con razón.

RAMBO

LA LLUVIA

Gotas de agua,
¿Dónde está mi paragua?
Humor frío,
Ya se acerca el río.
Y tú, ¿de qué te ríes,
Mojada hasta los pies?

RAMBO PERRO FEO

Llegaste a casa dicho día,
El ojo lleno de osadía,
¡Qué raro eres, perro bravo!
Come, acá vivirás a salvo,
Sucio de baba y mordeduras,
¡Rambo el valiente te llamarás!

Sin ti nos fuimos de vacaciones,
En hotel ni había opciones,
Nuestra casa guardar te pediste,
Con bravura tuya lo hiciste,
Al volver te habían matado,
Rambo perro feo tan amado.

BERNARDO ARANDA

HIJO DE LA AURORA

In Memoriam,
Bernardo Aranda
(1932-1959)

Ángel de la noche hasta amanecer,
Sin moderación te has donado,
A los hombres te has abandonado,
En tu cama u cualquier otro falseo,
En tu piel, el fuego del deseo,
En tus labios, un grito de placer.

DJ enloquecido con Bill Haley,
Has abrazado todas las pasiones
Pero ignorado las decisiones,
Quien hoy orden moral no reconoce,
Al Jefe insulta, mañana fenece,
Ensordecido por tu moto Harley.

Una noche, comprendiste tu error:
¡Lucifer! ¡Las llamas, serpiente!
Tu cama, una hoguera ardiente,
El verdugo, brazo del gobierno,
En tu piel, el fuego del infierno,
En tus labios, un grito de dolor.

Bernardo, víctima expiatoria,
En tu cuerpo se escribió la historia
De un Paraguay sin fraternidad.
En tus cenizas humeantes ha germinado,
Treinta años más tarde se ha confirmado
El aire abrumador de la libertad.

RENÉE FERRER CON ALAIN SAINT-SAËNS, LANZAMIENTO DE *INFANCIAS BAJO LOS LAPACHOS* (2012)

AMISTAD OTOÑAL

¿Qué diferencia a los poetas
En amistad de los políticos?
Nada, sino que hay bonachones,
Unos malos falsos ricachones,
Otros traidores hipócritas,
Cuantos febriles y apáticos.

Francisco, espíritu tan noble,
Renée, realmente obra doble,
Jacobo, ánimo y aliento,
Marino, isla con mucho viento,
Estela, de alma mi hermana,
Lourdes, sensualidad y mana.

Y, de vez en cuando, un ser genial,
Con poesía atormentada,
Shirley, en tu sombra el misterio,
Del árbol asunceno rapsoda,
Palabras, Alberto, rey del río,
Riqueza de amistad otoñal.

REYES MAGOS DE BARRIO

Suelen venir a la mañanita,
O a veces a la tardecita,
Reyes magos de bolsas cargados,
Silenciosamente todo donan,
Tesoros secretos abandonan,
¡Felices serán los regalados!

Embajadores de Basuraguay,
Burros vagos de Caraduraguay,
La naturaleza menosprecian,
Arroyos y esteros desgracian,
De las leyes se burlan con risa,
En su coche se huyen de prisa.

Hubo un tiempo seguramente,
Corría el agua transparente,
Pájaros en árboles cantaban,
Niños en los bosques jugaban,
Paraguay hoy es desfigurado,
Mañana será desertizado.

ALAIN SAINT-SAËNS, LOURDES RÍOS Y ZINEDINE, ACADEMIA DE LETRAS, SAN SALVADOR, BRASIL (2014)

AÚN SERÉ POETA

A Lourdes Ríos

Cuando ya sea viejo,
Narciso sin espejo,
Que de ti mi deseo
Se ponga fútil baboseo,
En el desierto asceta,
Aún seré poeta.

Jubilado aburrido,
En un sillón embutido,
Callejero sin trabajo,
Perro con espumarajo,
De tu venida profeta,
Aún seré poeta.

Pidiendo del cura la unción,
Expiando con satisfacción,
Repasando nuestros antojos,
Una vida delante los ojos,
Comprador sin tarjeta,
Aún seré poeta.

Y si Dios también toca la musa,
Quizá critique sólo mis rimas,
Se olvide de faltas aspérrimas,
Santo ser, ni con cornamusa,
Pero ángel de ti, con trompeta,
Aún sí seré poeta.

ALEILTON FONSECA Y ZINEDINE, RÍO PARAGUAY, PUENTE REMANSO (2013)

EL MAGO DEL RÍO

A Aleilton Fonseca

Había venido de Bahía
Cantarnos en vivo San Salvador,
De la ciudad suya el esplendor,
Perla de las islas nacarada,
Cuna de la musa mascarada,
Voz poética noche y día.

Aleilton, noble sabio viejo,
Con palabras y versos jugador,
De nuestros sueños embellecedor,
Pidió el amigo de pasaje
Al río ir a darle mensaje,
Alabar majestuoso rojo.

En barco el mago pensativo,
Las manos hundidas en el agua,
Clamó pues del Paraguay la lengua,
y la rana traviesa le habló,
Hasta el junco manso se dobló,
Zine, él, quedó admirativo.

ALAIN SAINT-SAËNS Y LOURDES RÍOS
(2005)

LOURDES

A Lourdes Ríos

¡Lejos de mí! dices.
Pero con mil luces,
Fuego en tu ojo,
Finges tu enojo,
Y ¿quién se acerca?
¡Mi bella muñeca!

Mujer maliciosa,
Tan fuerte me muerdes,
¡Y ni te remuerdes!
Mi joya preciosa,
Como siempre ganas,
Ya te abandonas.

ALAIN, LOURDES, ZINEDINE Y JEREMY, EN SU CASA DE REMANSITO, PARAGUAY (2018)

EL TÍO DE MISIONES

¡**Y**a llegó de Misiones tu tío!
¡Favor entrar, por acá el patio!
Abrazos, alegría mostraba,
Mientras ella café preparaba,
Él con pasión surubí le contó,
Dónde, cómo atrapar al tonto.

Nuestra familia de ti se burló,
Forastero, lo que dice nulo,
¿Cómo nos va a enseñar dónde
Del Paraguay no rey sino conde,
El surubí nada en el río,
En el norte sabemos surgió?

Volveré a ver a mi sobrina,
De comisión de calle madrina,
Y tú, aprecié tu compañía,
Surubí sabio con cercanía,
Antes tan despreciado por otros,
Ya sí eres uno de nosotros.

RUBÉN BAREIRO SAGUIER Y EMILIO PÉREZ CHAVES: ENCUENTRO POÉTICO EN *EL MOLINO*.

ALAIN SAINT-SAËNS,
DOS VIUDAS Y UN HURACÁN
(UNIVERSITY PRESS OF THE SOUTH:
NEW ORLEANS, 2016), CAPÍTULO 3, pp. 17-24.

CAPÍTULO TRES

Fabiola había guardado un buen recuerdo del domingo pasado con Jacques Valentín. La había mareado un poco con todas sus preguntas una tras otra, pero había sido sorprendida agradablemente por sus cualidades para escuchar. Hacerle descubrir su idioma y su cultura no podría sino colmarla de felicidad.

- ¿Fabiola Cardozo? Buen día, ¿cómo estás? Te habla ¡Rubén Bareiro Saguier!

La mujer joven sintió su corazón latir ruidosamente. Casi dejó caer su móvil. El Jefe de Sala del Restaurante Las Margaritas sí había cumplido con su palabra. No esperaba, cuando le había dado su número de celular, que el más grande poeta de su país la llamaría unos días más tarde. Este le agradeció en unas pocas palabras, pero con mucho cariño, el interés que mostraba por su obra, y le pidió escoger un lugar a su gusto donde podrían encontrarse y almorzar juntos al día siguiente, si estaba libre, por cierto. No queriendo dar vergüenza a su ídolo, Fabiola, muy emocionada, balbuceó: 'Molino, ¿Qué le parece, Doctor…?', refiriéndose a la panadería de lujo en la Avenida España que ofrecía pan francés a sus clientes y se transformaba en restaurante a medio día. Una vez había invitado a su madre y ambas habían consumido una sopa de carne con queso deliciosa, y recordaba que el menú le había parecido asequible a pesar de su presupuesto muy apretado. Se prometió no permitirle pagar la cuenta. Tendría que ser muy prudente a continuación para cerrar su mes, pero era una oportunidad única que no se podía perder. Pero eso sí, valía consentir un pequeño sacrificio.

Llegó media hora antes para reservar una buena mesa que no estuviera demasiado soleada, ni siquiera demasiado pegada a la salida de la cocina. No esperó mucho: llegó Rubén Bareiro Saguier a la hora. El poeta, un poco encorvado, andaba con pasos frágiles y medidos. Se le notaban sus ochenta años. Fabiola se alegró sin embargo de que el anciano no se vistiera como una persona viejita, pero osara un traje beige claro con una corbata amarilla que le quitaban al menos quince años. Cuando el poeta le dio un apretón de manos, no pudo contener la bocanada de ternura que la estaba invadiendo de repente, y lo besó con calor, como lo hubiera hecho con su propio padre.

- Emilio, hermano mío ¡Por acá!, gritó Rubén, saludando con la mano a un hombre alto e imponente que acababa de entrar al Molino.

- *Che ryke'y!* ¡Mi hermano mayor!, le contestó el hombre en guaraní, abrazándola fuerte.

Bareiro Saguier se había responsabilizado de invitar a su amigo de toda la vida, viejo libertario de izquierda que había escrito un poemario bastante famoso en su juventud y participado en los movimientos literarios y culturales en contra de la dictadura de Alfredo Stroessner cuarenta años antes. Había adquirido y conservado por eso un aura de libre pensador. Dotado con una memoria prodigiosa y una cultura inmensa, fascinaba y divertía de una vez a los literatos de Asunción, quienes se habían acostumbrado a ver su enorme cuerpo emerger, su pelambrera blanca resplandecer y su mirada de águila relucir encima de todos los demás durante las recepciones de las embajadas o cócteles de inauguración de exposiciones.

- Soy Emilio Pérez Chaves. ¡Encantado en conocerla, Fabiola!

A quemarropa le preguntó:

- ¿Cuatro de sus autores preferidos?

Ella no contaba con eso, pero le devolvió la pelota inmediatamente:

- Rubén Bareiro Saguier, Federico García Lorca, Juan Manuel Marcos, y… Emilio Pérez Chaves.

Emilio se echó a reír francamente.

- ¡Excelente respuesta! Vos, sí que ¡tenés el don para cepillar a tu audiencia!

Rubén, que se había quedado silencioso, le interrumpió con un gesto del dedo y tomó la palabra:

-¿De qué poema de Lorca te recuerdas, Fabiola?

La joven no pudo dejar de sonreír. ¡Ya los tenía en su mano! Empezó a declamar los primeros versos del *Romancero gitano* que amaba más que todo, los del *Romance de la luna, luna*:

La luna vino a la fragua
Con su polizón de nardos.
El niño la mira, mira.
El niño la está mirando. (...)

Estupefactos, los dos hombres se miraron. Emilio la contempló un momento sin decir nada, y después siguió recitando el poema:

En el aire conmovido,
Mueve la luna sus brazos,
Y enseña, lúbrica y pura,
Sus senos de duro estaño.

Fabiola asintió con un movimiento de cabeza. Tenía a adversarios de alto nivel. Tomó la mano del viejo poeta que jugaba con su corbata y le susurró:

- Este, es para vos, Rubén. Gracias por haberlo escrito.

Mi libertad más pura,
La que me niegan (...)

Fabiola tuvo la impresión que su interlocutor derramaba una lágrima. 'Debe ser el sol en la cara', se dijo. Rubén se aclaró la garganta y la acompañó en su declamación:

La que no pueden quitarme
Porque es sangre en mis alas.

Fabiola giró entonces hacia Emilio y, en forma de incitación o provocación, le recitó unos versos de su más famoso poema:

Sólo, el pueblo es el héroe.
Ningún otro lo es:
Los ídolos y las máscaras (...)

- 'Gracias, Fabiola', le sopló Emilio tomándola en su brazo, antes de entonar con su voz potente y nasal el fin del poema:

Con sus cobardes escudos
Al rayo del coraje
Jamás podrán detener.

Fabiola consideró que a ella incumbía concluir esta justa poética con dos versos de Juan Manuel Marcos, verdadero elogio a la juventud involucrada, y, dejándose llevar por el entusiasmo, casi gritó las últimas palabras:

Mientras existan jóvenes,
La sangre escribirá su nombre EN LAS PAREDES.

Rubén, divertido, estimó que ya era más que tiempo de reconocer a Fabiola una victoria que se había ganado esforzadamente. Las presentaciones habían sido hechas y bien hechas; ya se podía seguir con la parte más seria del encuentro, es decir el almuerzo. Rubén tendió la carta a su joven compatriota que lo había llenado de orgullo:
- Mi querida Fabiola, elegí vos el plato que te guste. Hoy, sos nuestra invitada.

La mujer no protestó, pues, entendió que hubiera herido a los dos hombres de los cuales había conquistado confianza y aprecio. Una hora más tarde, aturdida por el diálogo entre los compinches visiblemente felices de volver a encontrarse y compartir esta comida, estaba Fabiola radiante y saciada. Tomó nota mentalmente de agradecer a Jacques Valentín cuando volviera al Paraguay el mes próximo. Si había podido cumplir con su deseo de encontrar a Rubén Bareiro Saguier que databa del tiempo cuando aún era una estudiante, de cierta manera era a él a quien se lo debía. Tampoco era insensible a su encanto. Le habían gustado tanto sus ojos azules salpicados de verde y amarillo, como su manera especial de mirarla.

Rubén la tiró de su ensueño.

- ¿Estás casada, Fabiola? ¿Prometida quizás?

Fabiola se rió de buena gana a esa pregunta tan indiscreta que, sin embargo, la había tocado en su punto débil.

- Ninguno de los dos, Rubén. No estoy apurada, ¡Tengo todo el tiempo!

Se ruborizó y prosiguió, bajando los ojos:

- Bueno, para decir toda la verdad, acabo de encontrar a un hombre… Es muy amable… Ya veremos…

- ¡Enhorabuena! Concluyó Emilio levantándose para despedirse.

Se inclinó para besar a su adversaria valiente. Fabiola, con el corazón contento lleno de alegría, ya había decidido, al momento cuando la barba entrecana del viejo bardo le rasguñaba la cara, que Jacques Valentín merecía mucho más que un sencillo agradecimiento.

EMILIO Y MANU

EN EL CÍRCULO DE LOS POETAS

ALAIN SAINT-SAËNS,
PECADOS DE MI PUEBLO
(EDITORIAL EL LECTOR: ASUNCIÓN, 2013),
ACTO TERCERO, SEGUNDA PARTE, pp. 55-60.

SEGUNDA PARTE

(Manu está errando en un lugar desierto; de vez en cuando cruza el camino de gente que se va charlando):

- ¿Dónde estoy? La verdad es que ni tengo idea. Me parece tan extraño este lugar. Se oye ruidos en lo alejado, pero es bastante calmo por acá. ¿Quiénes son estos hombres y mujeres que cruzo de vez en cuando y que ni me prestan atención? Parecen tan apasionados en lo que conversan. Ah, por fin, alguien que se queda tranquilo en su sitio. A ver si me puede ayudar.

(Un hombre maduro está escribiendo en un cuadernito sentado sobre un banco; parece muy concentrado. Manu se acerca de él):

- Disculpa, señor, creo que estoy perdido y no me puedo situar. ¿Me podrías indicar adónde ir para encontrar un pueblo y servicios? Le agradecería mucho.

(El hombre de un dedo sobre la boca le manda hacer silencio. Sigue escribiendo en su cuadernito):

- Un momento, por favor, que me falta solamente un verso... ¡Ya! Ahora sí me gusta este poema... Bien, Soy Emilio, ¿Cómo te llamas tú?
- Soy Manuel, pero todo el mundo me llama Manu. Vengo de un barrio de los alrededores de Asunción en Paraguay, y estoy totalmente desorientado, pues, no reconozco el lugar.
- Mi joven amigo, tengo malas noticias para ti: has muerto. Es la razón por la cual todo te parece diferente. Me pasó lo mismo a principio, este sentimiento de incomprensión, hasta que alguien finalmente me explicara dónde estaba yo.
- ¿Eso es el Paraíso de que habla la Biblia?
- No, no lo creo. A mi parecer, estamos en el Círculo de los Poetas dentro del infierno de que dio una descripción el poeta italiano Dante Alighieri.
- ¡Sé quién es! Estudiamos un pasaje de su obra, *La divina comedia*, en el instituto. Nuestra profesora venía de Europa, era un poco rara y amaba la poesía antigua.
- ¡Muy bien! Si tienes cultura poética, entonces te gustará el lugar. Encontré a muchos poetas ya de todos los tiempos. Es muy excitante. Si tienes suerte, te saludarán un día e incluirán en sus charlas. Pero, dime, si estás acá, sería que ¿tú también eres poeta?

- Sí, pero no conocido todavía. Me gustaba escribir versos cuando todavía vivía. Había preparado unos especialmente para mi novia Beatriz en un cuadernito, y ahora que he muerto, jamás los va a escuchar. ¡Qué pena!
- No seas triste, Manu. Es muy posible que alguien encuentre tu cuaderno y le haga saber. Estará muy contenta de recibir tu regalo tu novia que seguramente te echa mucho de menos.

(Se pone a llorar el joven, la cabeza en sus brazos, y se lamenta):

- No quería morirme, Emilio. Estaba a punto de cumplir dieciocho años. Estudiaba para ir a la universidad, ambicionaba de llegar a ser un veterinario. Amaba mucho a los animales. ¿Por qué me tocó a mí perder la vida? Es tan injusto. ¿Y mi Mamá? ¿Qué le va a pasar ahora que ya no estoy? Su vida será peor que antes. ¿Y mi Papá? ¿Quién le va a recoger de noche en su trabajo? Ni sabe conducir una moto, tiene miedo, y el camino es demasiado feo para su bicicleta. Le van a atacar los malos por la calle. Me temo que les he fallado a los dos.

(Emilio le deja ventilar su frustración, escuchándole, y toma la palabra):

- No te puedo decir porqué te escogió la Muerte en ese momento que te moriste, Manu. Tienes que aceptar tu destino. No hay nada que puedas hacer en contra de eso. Yo esperaba vivir al menos veinte años más, y me fui a los sesenta y dos años. ¡Fíjate! A mí también me pareció demasiado tempranito mi salida.
- Cierto, pero tú, Emilio, al menos has tenido vida larga. La mía al fin y al cabo habrá sido muy corta y bastante inútil.
- No digas eso, Manu. No tienes derecho a menospreciarte de esta manera. Muy a menudo, la gente reflexiona después de la muerte de un ser querido, y una experiencia humana que no parecía tan destacable toma de repente una dimensión inesperada. Es muy posible que tu vida llegue a ser fuente de inspiración para otros, animándoles a vivir.
- No creo que pueda ser un ejemplo para nadie, Emilio. Mi vida de adolescente ha sido una lucha diaria por escapar a la droga, no morirme de hambre, tratar de llegar a ser un hombre honesto. No ha sido fácil. Mis padres peleaban en cada momento como perros y gatos, y cuando mi padre no estaba, mi madre desaparecía abandonándonos, yo y mis dos hermanitos, a mi hermana Sara que tuvo que ocuparse de

nosotros a una edad muy joven. La pobre, jamás sabrá cuánto le estaba agradecido de todos sus sacrificios. Es ella que me salvó de la calle y la cárcel.

- ¡Enhorabuena! Ya ves, tu vida hubiera podido ser mucho peor. Yo tampoco he podido satisfacer todos mis deseos. En un momento soñé de ser embajador de mi país o ministro, pero ni pude llegar a serlo, pues, la gente me conocía y amaba como 'el poeta,' un hombre amable y de gran cultura, de cierta manera la consciencia del pueblo paraguayo, cuando yo hubiera deseado y podido ser mucho más que eso. También hubiera querido tener a un hijo para compartir con él todo lo que había aprendido, enseñarle a crecer y desarrollarse bien, pero jamás se me presentó la oportunidad. Así es una vida, Manu: un paquete mal preparado, mal embalado, que deja mucho por complacernos plenamente. Ni se sabe cuándo se va a acabar, ni si dejaremos una traza perdurable sobre la gente...

(Manu respeta el silencio cargado de nostalgia y añoranza de Emilio que sigue, antes de preguntarle):

- ¿Cuál es el sentido de este lugar, Emilio? Yo pensaba que después de la muerte, la gente nos ponía en un ataúd bajo la tierra y nada más.

- No sé bien, Manu. Si hay un lugar especial para los poetas en el infierno, es que seguramente se valora sus palabras y su mensaje. Nuestros versos pueden habernos salvado del castigo de nuestros propios fallos humanos. Mira, no sufrimos acá y se nos muestra de cierta manera respeto. La Muerte no se atreve a visitarnos. Quizá estemos en un espacio intermediario… Además, cada uno de nosotros tiene una tarea precisa. A mí, un jurado de poetas del Círculo, presidido por Virgilio, me hizo pasar una prueba que superé. Era preparar y presentar un poemario que les gustó. Decidieron a continuación que yo sería sembrador de estrellas. Cada nuevo verso mío se cambia en estrellita. De vez en cuando entonces, me acerco al borde de la bóveda celeste y siembro nuevas estrellas en el cielo.
- ¡Gua! ¡Genial! ¡Qué suerte tienes, Emilio! Te envidio mucho. ¡La vista debe ser magnífica desde ahí!
- La verdad que sí, Manu. Eso dicho, aún muerto, no estoy tan joven y me cansa este trabajo. Podría usar a un ayudante. Quizá podrías tú serlo. Escribirías versos y los juntaríamos a los míos. Así tú también crearías nuevas estrellas.
- No sé si sea capaz, Emilio, pero sí, me gustaría intentar. Adoraba mirar las estrellas con mi Mamá de pequeño y seguía haciéndolo con mi Beatriz bajo el claro de luna.
- Te enseñaré cómo escribir bien, no te preocupes.

(Emilio toma una cartera al lado de su banco. Se levanta y pasa su brazo sobre las espaldas de Manu):

- Acércate, Manu, que te voy a mostrar cómo se siembra las estrellas.

(Emilio y Manu, después de andar hacia la bóveda celeste, empiezan a sembrar estrellas que salen de la cartera hacia los espectadores):

- Acá estamos. Me gusta este lugar. Toma unas estrellas en mi cartera, Manu, mira cómo lo hago, y envíalas lo más lejos posible. Así es, muy bien…
- ¿Piensas, Emilio, que unas de estas estrellitas que lanzamos al aire pudieran ser visibles también… desde Paraguay?
- Es muy posible, Manu…
- Así que, mi Mamá en su barrio, ¿las podrá ver mirando hacia el cielo cuando no haya nubes? Y Beatriz ¿también?
- ¡Claro que sí, Manu, claro que sí! ¡Siembra, hijo!

FIN DEL ACTO TERCERO

VERÓNICA VISITANDO A SOLEDAD

EN EL CEMENTERIO

ALAIN SAINT-SAËNS,
SOLEDAD. VIDA Y MUERTE DE UNA POETA
(UNIVERSITY PRESS OF THE SOUTH: NEW ORLEANS, 2016),
Acto Tres, Escena 4, pp. 103-106.

ACTO III

Escena 4

(*Diez años han pasado. Verónica viene a visitar la tumba de Soledad una tarde soleada de marzo*).

Verónica (*Tocando la piedra tumbal con sus dedos*):

- ¡Soledad, mi amiga tan querida, tan lamentada! (*Se pone a llorar*) Te pido disculpa por no haber venido a verte antes, es que no podía..., el dolor era demasiado grande... ¡Me sentía tan culpable de haber sobrevivido y que tú te hayas muerto! ¡Mirá! ¡Te he traído geranios del jardín de mi abuela! Ya se murió mi abuelo, poco después que me arrestaron. Con la tristeza, su corazón no lo soportó... (*Dispone las flores sobre la tumba*). Tu Mamá va bien. Me ocupo de ella. No le falta nada. La visito cada semana. Es como una tía para mí ahora. Te echa de menos. Seguramente que te lo dice a menudo. (*Se calla un momento sollozando*) ¡Fuiste mi único amor, Soledad! Tu partida me destrozó el corazón. Me casé con un joven que conociste, Chipi. Lo traté mal al pobre de adolescente, pero, cuando salí de la cárcel, estaba esperándome, y poco a poco, lo descubrí de manera diferente. Nos casamos hace siete años, y tengo dos hijos: la hija mayor, que llamé Soledad por ti, y el hijo menor, que llamamos Alberto por mi hermano. Me fui a la Uni, sabés, y estudié

Arquitectura como había prometido a Papá. En honor tuyo, cursé la carrera de Sociología también. ¡Tenías razón, era muy interesante, y me abrió más la mente hacia el aspecto humano de las relaciones! Mi marido es abogado, trabaja con su padre, tenemos una bella casa en el barrio de las Carmelitas. Chipi se ocupó de la sucesión de Papá que había sido robada por Larraín, y finalmente la justicia me devolvió todo lo que me correspondía. Ya no hay duda de que fue el Brigadier que mató a mis padres en el incendio de la casa suya. Jamás se encontró a su asesino, pero el que lo mató seguramente era el brazo de la ira divina…

El tiranosaurio cayó por fin un día de febrero de 1989. Tuvo que irse al exilio. No has muerto en vano, ni tampoco todos los que ha martirizado este monstruo perverso. ¡Tenías razón, vos! ¡La poesía, sí, puede hacer caer las paredes! Ya no está el Muro de Berlín. Las dos Alemanias son una sola ahora. La Unión Soviética ya no existe. ¡Fijáte! Un viento de libertad ha soplado tanto sobre Europa como América Latina. ¡Ya no hay dictadura tampoco en Brasil, ni siquiera en Argentina! Queda Cuba, cierto, ¡a ver hasta cuándo! Te gustaría vivir en esta época, probablemente te levantarías en contra de todas las injusticias con la magia de tu pluma. Recuperé toda tu poesía que enviaste a tu Mamá desde la cárcel, también la que escribiste sobre cuadernitos, y la que me habías dado. Sabía que pensabas que un día se podría publicar, entonces, me ocupé de eso con la Profesora de Literatura Eliza Lynch, tu tía política, viuda de tu tío Pancho Gunter que se murió de un cáncer hace unos años. Ella se encargó de preparar una edición crítica. Pidió al poeta Juan Manuel Marcos que llegó a ser su colega en los Estados Unidos durante su exilio, escribir un hermoso Prefacio. Eliza escogió el título de tu poemario conmigo, se llama *Poemas de libertad*, porque fundamentalmente eras una mujer libre, independiente y valiente.

Se lanzó tu libro la semana pasada en la Biblioteca Municipal de Asunción. La Sala estaba re llena de jóvenes, alumnas del Teresiano que te admiran mucho ahora, unos políticos, y todos los literatos. Hablaron en la mesa Eliza Lynch primera; Juan Manuel Marcos segundo, que destacó el papel de la lucha del poeta dentro de la dictadura; Lourdes Espínola, la poeta paraguaya, que cantó el amor a través de tus poemas; Rubén Bareiro Saguier, que dijo haberse enamorado de tus versos y tu alma tan noble; y finalmente, Emilio Pérez Chaves, cuyos versos amabas tanto, que nos hizo llorar a todos leyendo poemas tuyos con esta voz increíble suya. (*Saca el libro de su cartera de cuero*) ¡Mirá la tapa en blanco y negro con el colibrí paraguayo! A través de tu poesía, has inspirado ya e inspirarás aún más en el futuro a generaciones de jóvenes, que se sentirán libres de cantar, objetar, manifestar, amarse como quieran.

¡Estoy tan orgullosa de ti! Espero que en el Paraíso estés con Alberto y que este boludo te cuide bien, pero ¡no demasiado! Ves, vos, ¡estoy celosa otra vez de él! Hasta que me muera, os amaré y después, me reuniré por fin con vosotros. ¡Ojalá pudiéramos fumar porros allá! Lo pasaremos bien de nuevo. (*Toca la piedra tumbal con cariño*) ¡Hasta pronto, amor!

ETAPAS
DE LA PARAGUAIZACIÓN LITERARIA
DE ALAIN SAINT-SAËNS

France
Terre lointaine

Poèmes de l'errance

Alain SAINT-SAËNS

Espaces littéraires

Juan Manuel MARCOS

L'HIVER DE GUNTER

Traduit de l'espagnol par Alain Saint-Saëns

**MITO SEQUERA, JUAN MANUEL MARCOS,
ALAIN SAINT-SAËNS, RUBÉN BAREIRO SAGUIER,
EMILIO PÉREZ CHAVES,
PRESENTACIÓN DE TRES LIBROS
(2011)**

**LANZAMIENTO DE
L'HIVER DE GUNTER
ALAIN SAINT-SAËNS, JUAN MANUEL MARCOS
Y RUBÉN BAREIRO SAGUIER
(2011)**

ALAIN SAINT-SAËNS
Curuguaty
POEMA LÍRICO/POÈME LYRIQUE
El Lector

LANZAMIENTO DE *CURUGUATY. POEMA LÍRICO.* JUAN MANUEL MARCOS, FRANCISCO PÉREZ MARICEVICH, ALAIN SAINT-SAËNS Y PABLO BURIÁN (2012)

ALAIN
SAINT-SAËNS

PECADOS DE MI PUEBLO

LANZAMIENTO DE *PECADOS DE MI PUEBLO*
JACOBO RAUSKIN, RUBÉN BAREIRO SAGUIER, LENI PANE Y ALAIN SAINT-SAËNS
(2013)

ALAIN SAINT-SAËNS

Infancias
bajo los lapachos

POEMAS

Enfances
sous les lapachos

POÈMES

ALAIN SAINT-SAËNS, LANZAMIENTO DE *INFANCIAS BAJO LOS LAPACHOS*
(2013)

ALEJANDRO GATTI Y ALAIN SAINT-SAËNS
(2013)

Alain Saint-Saëns
Hijos de la Patria
Acosta Ñu
16 de agosto 1869
JK MONTERO

FRANCISCO PÉREZ MARICEVICH
LANZAMIENTO DE *HIJOS DE LA PATRIA*
(FIB1, MAYO DE 2015)

LENI PANE, JUAN ENRIQUE FISCHER, ESTELA FRANCO Y ALAIN SAINT-SAËNS, LANZAMIENTO DE *HIJOS DE LA PATRIA*, (FIB2, JUNIO DE 2015)

Alain Saint-Saëns
PALADÍN DE LA LIBERTAD
Juan Manuel Marcos
Poeta

CRISTINA BOSELLI, ALAIN SAINT-SAËNS, JUAN MANUEL MARCOS Y JUAN ENRIQUE FISCHER, LANZAMIENTO DE *PALADÍN DE LA LIBERTAD. JUAN MANUEL MARCOS POETA*, UNIVERSIDAD DEL NORTE (2015)

Romeo y Julieta
en el
marzo paraguayo
Alain
Saint-Saëns

JOSÉ ANTONIO ALONSO NAVARRO, BEATRIZ GONZÁLEZ DE BOSIO, JUAN ENRIQUE FISCHER Y ALAIN SAINT-SAËNS, LANZAMIENTO DE *ROMEO Y JULIETA EN EL MARZO PARAGUAYO* (2016)

ALAIN SAINT-SAËNS CON MARCO REYNALDI *ROMEO Y JULIETA* (2016)

***SOLEDAD* (1ª. EDICIÖN, 2016)**

***SOLEDAD* (2ª. EDICIÖN, 2021)**

LOURDES RÍOS GONZÁLEZ, ALAIN SAINT-SAËNS Y SLOBODÁN PAJOVIC, *LANZAMIENTO DE SOLEDAD. VIDA Y MUERTE DE UNA* POETA. (UNIVERSIDAD DEL NORTE, 2016)

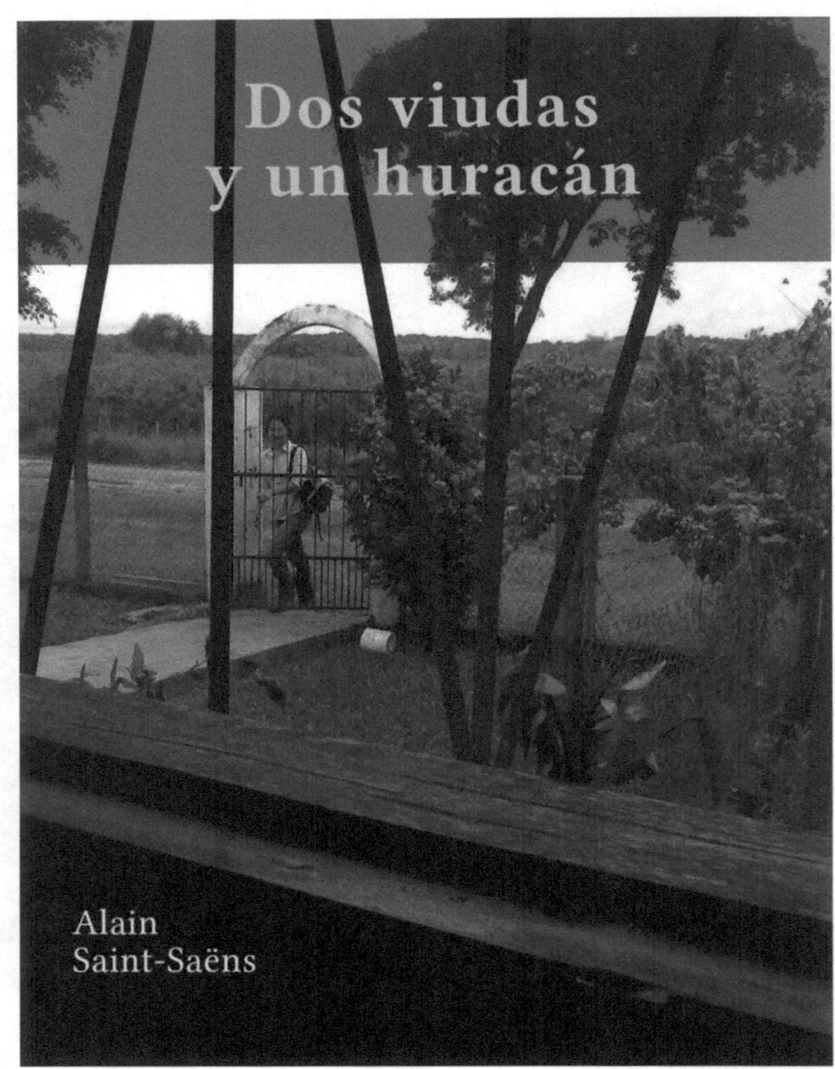
Dos viudas
y un huracán
Alain
Saint-Saëns

ESTELA FRANCO, ESTELA APPLEYARD, ALAIN SAINT-SAËNS E IGOR PROTSENKO, LANZAMIENTO DE *DOS VIUDAS Y UN HURACÁN* (2016)

Alain Saint-Saëns
EL BANQUETE DE
TONATIUH
POEMA LÍRICO

**ESTELA FRANCO, LITA PÉREZ CÁCERES,
EMBAJADOR ORTEGA BERNÉS,
ALAIN SAINT-SAËNS Y LENI PANE,
LANZAMIENTO DE *EL BANQUETE DE TONATIUH*
(EMBAJADA DE MÉXICO, 2016)**

**ALAIN SAINT-SAËNS DEDICANDO SU LIBRO
A SUS ESTUDIANTES DE LA UNINORTE**

ARTIGAS
TEATRO
Alain Saint-Saëns

EL PRIMER SECRETARIO, EL EMBAJADOR JUAN ENRIQUE FISCHER Y ALAIN SAINT-SAËNS, LANZAMIENTO DE *ARTIGAS*, ASUNCIÓN (AGOSTO DE 2017)

ALAIN SAINT-SAËNS Y ANA RIBEIRO LANZAMIENTO DE *ARTIGAS*, MONTEVIDEO (SEPTIEMBRE DE 2017)

ALAIN
SAINT-SAËNS

EL TRÉBOL DE CUATRO HOJAS

POETAS PARAGUAYOS

ESTELA FRANCO, RENÉE FERRER,
ALAIN SAINT-SAËNS, JACOBO RAUSKIN
Y FRANCISCO PÉREZ MARICEVICH,
LANZAMIENTO DE *EL TRÉBOL DE CUATRO HOJAS. POETAS PARAGUAYOS*
(2017)

ALAIN SAINT-SAËNS
LUIS RUFFINELLI
EXIMIO TEATRALIZADOR
(1889-1973)

GLORIA ESPAÑA RUFINELLI, LENI PANE, ALAIN SAINT-SAËNS Y ROBERTO CÉSPEDES RUFFINELLI, LANZAMIENTO DE *LUIS RUFFINELLI, EXIMIO TEATRALIZADOR (1889-1973)*, (2018)

POESÍA
DE LOS PAÍSES DE GUAY
WILSON CARDOZO
ALAIN SAINT-SAËNS
(Eds.)

ROSANA MELANESCHII, ZENÍA GARCÍA RÍOS, WILSON CARDOZO, ALAIN SAINT-SAËNS Y ARIUS ROMERO, LANZAMIENTO DE *POESÍA DE LOS PAÍSES DE GUAY*, ASUNCIÓN (2018)

RENÉE FERRER, ESTELA FRANCO, MARÍA EUGENIA AYALA, FRANCISCO PÉREZ MARICEVICH, ALAIN SAINT-SAËNS Y ARIUS ROMERO (2018)

JUAN PABLO II

PEREGRINO DE LAS ALMAS

POEMAS

ALAIN
SAINT-SAËNS

LENI PANE Y ALAIN SAINT-SAËNS
LANZAMIENTO DE *JUAN PABLO II*
(2018)

ALAIN SAINT-SAËNS
LANZAMIENTO DE *JUAN PABLO II*
(2018)

RENÉE FERRER

IGNOMINIE

Poèmes et psaumes

Traduction de l'espagnol
et présentation par
Alain Saint-Saëns

ALAIN SAINT-SAËNS CON RENÉE FERRER, SANTO DOMINGO, REPÚBLICA DOMINICANA (2017)

MARIBEL BARRETO
CUPIDITÉ

LOURDES RÍOS, ALAIN SAINT-SAËNS Y MARIBEL BARRETO (2016)

Alain Saint-Saëns

La prisionera][Ña celestina

TEATRO

ARANDURÃ

Alain Saint-Saëns

La prisionera][Ña celestina

ARANDURÃ

ALAIN SAINT-SAËNS
DRAMATURGO
EL RENACIMIENTO DEL TEATRO
PARAGUAYO
ILINCA ILIAN
LOURDES RÍOS GONZÁLEZ

ESTELA FRANCO, ILINCA ILIAN Y LOURDES RÍOS: 'ALAIN SAINT-SAËNS DRAMATURGO Y POETA' UNIVERSIDAD DEL NORTE, ASUNCIÓN (2017)

ALAIN SAINT-SAËNS CON LA ASSOCIACIÓN DE GUIONISTAS DEL PARAGUAY (2019)

ALAIN
SAINT-SAËNS
FRANCISCO PÉREZ MARICEVICH
MEMORIA Y CONCIENCIA DEL PARAGUAY

FRANCISCO PÉREZ MARICEVICH
Y ALAIN SAINT-SAËNS
(2016)

'Como los franceses que lo antecedieron, Alain Saint-Saëns se ha convertido en paraguayo sin dejar de ser francés. Como ellos, ahora es un francés mejor, porque cuando hunde más su poesía en el dolor paraguayo, más se hace universal'.

Juan Manuel Marcos,
'*Curuguaty* de Alain Saint-Saëns:
Un libro que grita y nos sacude',
Ilinca Ilian y Lourdes Ríos González (Eds.),
Alain Saint-Saëns dramaturgo.
El Renacimiento del teatro paraguayo
(University Press of the South:
2ª. Edición, París, 2021), p. 77.

'Mi Paraguay, para ti esta canción
Mi Paraguay, como tú no hay otro igual'.

HERMINIO GIMÉNEZ,
MI PARAGUAY

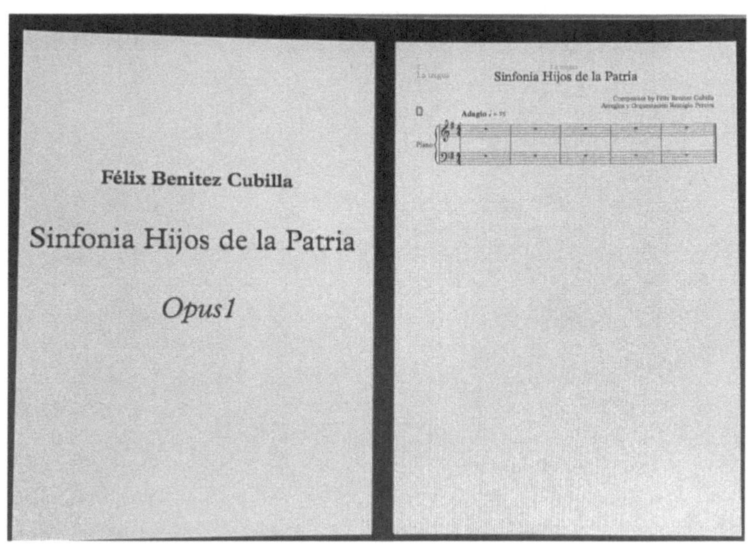

Félix Benitez Cubilla

Sinfonia Hijos de la Patria

Opus1

Sinfonia Hijos de la Patria

Adagio

Piano

Zeitfracht Medien GmbH
Ferdinand-Jühlke-Straße 7
99095 Erfurt, Deutschland
produktsicherheit@kolibri360.de